KB267943

모로코
튀니지
알제리
리비아
이집트
(서사하라)
모리타니아
말리
니제르
차드
수단
에리트레아
카보베르데
세네갈
감비아
기니비사우
기니
부르키나파소
베냉
나이지리아
중앙아프리카
공화국
남수단
에티오피아
지부티
시에라리온
코트
디부아르
가나
토고
카메룬
소말리아
라이베리아
적도기니
가봉
콩고
공화국
르완다
케냐
우간다
상투메
프린시페
콩고
민주공화국
부룬디
탄자니아
코모로
셰이셀
앙골라
잠비아
말라위
마다가스카르
짐바브웨
나미비아
보츠와나
모잠비크
모리셔스
에스와티니
남아프리카
공화국
레소토

있는 그대로 케냐

나의 첫 다문화 수업 19

있는 그대로 케냐

초판 1쇄 발행 2025년 12월 10일

지은이 박윤선

책임편집 도은주

펴낸이 윤주용
편집 류정화 | 마케팅 조명구 | 홍보 박미나
표지 일러스트 엄지

펴낸곳 초록비공방
출판등록 2013년 4월 25일 제2013-000130
주소 서울시 마포구 동교로27길 53 308호
전화 0505-566-5522 | 팩스 02-6008-1777

메일 greenrainbooks@naver.com
인스타 @greenrainbooks @greenrain_1318
블로그 http://blog.naver.com/greenrainbooks

ISBN 979-11-24126-01-1 (03930)

어려운 것은 쉽게, 쉬운 것은 깊게, 깊은 것은 유쾌하게

초록비책공방은 여러분의 소중한 의견을 기다리고 있습니다.
원고 투고, 오탈자 제보, 제휴 제안은 greenrainbooks@naver.com으로 보내주세요.

나의 첫 다문화 수업 19

있는 그대로 케냐

박윤선 지음

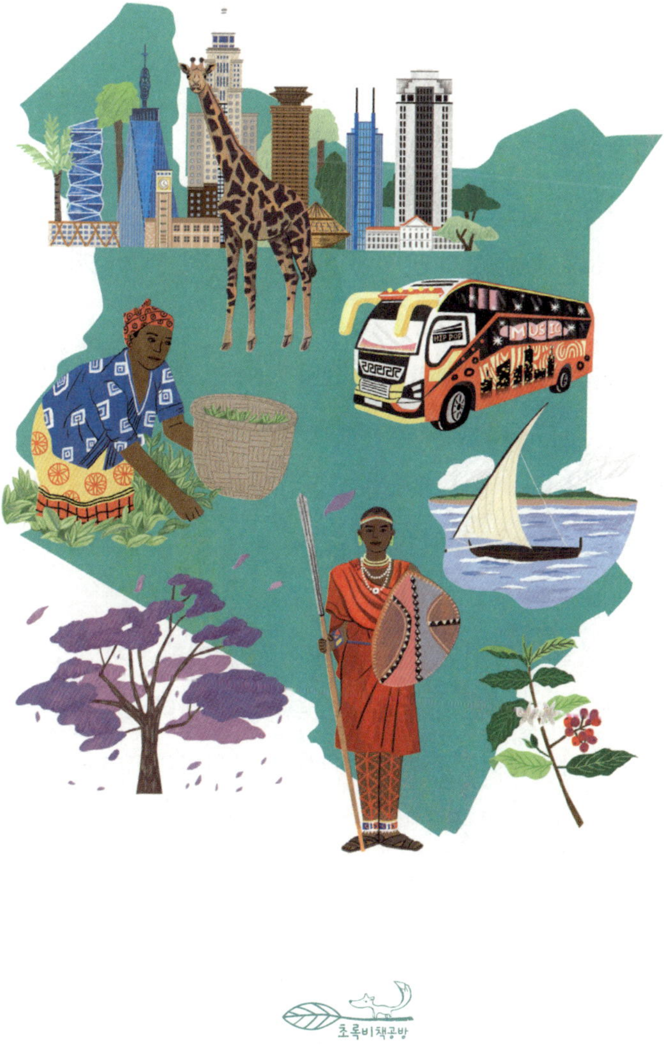

꼭 한번 살아보고 싶었던 기회의 나라

"케냐에 살아요."

"캐나다요?"

케냐에 살고 있다고 하면 열에 아홉은 이렇게 되묻는다.

"아프리카 케냐요."

다시 대답하면 그제야 알아듣고 걱정 섞인 반응을 보인다.

"아이고, 거기 덥고 가난하다던데 어떻게 살아요?"

사람들은 사바나에서 뛰노는 동물이나 기아에 시달리는 아이들을 떠올리며 나를 바라본다. 그 눈빛에는 호기심과 안타까움이 뒤섞여 있다.

내가 처음 케냐를 만난 것은 13년 전 세계 여행을 하던 중이었다. 배낭을 메고 아프리카 대륙으로 건너와 에티오피아를 거쳐 나이로비에 도착했을 때의 첫인상은 잊을 수가 없다. 선선하고 쾌적한 공기, 바람이 불 때마다 가로수에서 흩날리던 보랏빛 자카란다 꽃잎은 너무나 로맨틱했다. 보육원에서 자원봉

사를 하며 머문 한 달 동안 만난 케냐 사람들은 모두 친절하고 따뜻하며 열정적이었다.

"하바리 야꼬?(안녕하세요?)"

경비원, 엘리베이터를 기다리는 주민, 길에서 빵을 파는 상인까지 낯선 여행자인 나에게 인사를 건넸다.

"은주리 사나!(잘 지내요!)"

내가 대답하면 그들은 세상에서 가장 환한 웃음으로 화답해 주었다. 케냐 사람들은 외국인인 나에게 마음을 열고 자신의 이야기를 나누었고 호기심 어린 질문을 던지며 나를 더 알고 싶어 했다.

그 짧은 여행을 통해 나는 케냐가 단순히 야생 동물의 천국이나 가난에 허덕이는 나라가 아니라 활기차고 따뜻한 사람들이 살아가는 다양한 가능성의 땅임을 알게 되었다. 그래서 언젠가 이 매력적인 나라에서 살아보고 싶다는 생각을 품었다.

5년 뒤 그 바람은 현실이 되었다. 나는 남편과 뱃속에 두 달 된 아이와 함께 나이로비행 비행기에 올랐다. 그리고 지금까지 나이로비에서 커피 사업을 하며 살고 있다. 한국과는 너무나 다른 환경에서 외국인으로 사업을 시작하고 키워 내는 일은 쉽지 않았다. 울기도 하고 웃기도 하면서 수많은 경험과 깨달음을 얻었다. 빈민가에서 일자리를 찾는 청년들, 커피를 마셔 본 적 없는 농부들, 뒷돈을 요구하던 공무원, 열정 넘치는 사업가들, 국제적 시각을 가진 정치인들까지… 다양한 사람을 만나며 수많은 편견과 고정 관념이 깨졌다.

그러던 어느 날 7년간 케냐에서만 살아온 딸과 함께 한국 할머니 댁을 방문했을 때였다. TV 속 구호 단체 광고에서 깡마른 케냐 아이가 상처투성이 몸으로 흙바닥에 누워 고통스러워하는 장면이 나왔다. 딸은 충격을 받은 듯 물었다.

"엄마, 저 아이는 케냐 어디에서 사는 거예요? 나는 한 번도 저렇게 불쌍한 아이를 본 적이 없는데…."

딸이 살아온 현실의 케냐와 TV 속 케냐가 너무 달라 아이는 혼란스러워했다. 나 또한 이런 광고가 끊임없이 방송되니 한국 사람들이 케냐를 여전히 가난하고 암울한 나라로만 인식하는 것도 무리가 아니겠다고 생각했다. 그때부터 케냐의 긍정적인 모습을 더 알리고 싶다는 마음이 커졌다. 물론 케냐는 한국과 비교할 수 없는 개발 도상국이다. 그러나 역동적인 에너지와 열정을 가진 사람들이 살아가는 무궁무진한 기회의 땅이기도 하다. 우리가 잘못된 정보와 오해로 케냐를 바라보는 부분도 많다.

그런 마음을 품던 중 감사하게도 나의 첫 다문화 수업 시리즈에서 〈있는 그대로 케냐〉 편 집필을 맡게 되었다. 이 책은 한국 사람들에게 여전히 낯설고 멀게만 느껴지는 케냐의 역사, 경제, 정치, 문화, 산업 전반을 다루고 있다. 중·고등학생을 위한 세계시민 교육 교재로도 활용할 수 있을 만큼 쉽게 쓰였으며 다양한 주제를 토론하고 생각해 볼 수 있는 활동 거리도 담았다.

나는 이 책을 통해 더 많은 사람이 케냐에 관심 갖기를 바란다. 이 책이 사람들에게 "케냐가 이런 곳이었어?"라는 호기심을 불러일으키고 직접 여행해 보고 싶다는 마음을 샘솟게 하며 더 나아가 그곳 사람들과 함께 일하고 삶을 나누는 계기가 되기를 간절히 바란다.

차　례

2부 케냐 사람들의 이모저모

3부 역사로 보는 케냐

4부 문화로 보는 케냐

5부 여기를 가면 케냐가 보인다

퀴즈로 만나는
케냐

퀴즈를 통해 케냐를 먼저 만나 보자.
정답을 맞히지 못하더라도 퀴즈를 풀다 보면
케냐에 대한 호기심이 조금씩 생길 것이다.

Q1.

2004년 아프리카 최초로
노벨 평화상을 수상한
케냐의 환경 운동가는 누구일까요?

❶ 왕가리 마타이　❷ 넬슨 만델라
❸ 코피 아난　❹ 말랄라 유사프자이

Answer. ❶ 왕가리 마타이

왕가리 마타이는 1940년 4월 1일, 케냐의 니에리 지역에서 태어나 1977년 그린벨트 운동*Green Belt Movement*을 설립했다. 이 운동은 나무 심기를 통해 환경을 보호하고 여성의 권익을 증진하는 것을 목표로 했다. 그녀는 2004년 '지속 가능한 발전, 민주주의, 평화에 헌신한 공로'를 인정받아 아프리카 최초로 노벨 평화상을 수상했다.

● 왕가리 마타이

Q2.

케냐의 가장 큰 도시이자 수도인
나이로비는 어떤 의미를
지니는 이름일까요?

❶ 산의 정상　❷ 동물의 집　❸ 차가운 물
❹ 숲의 땅　❺ 계피 커피

Answer. ❸ 차가운 물

나이로비는 케냐의 수도이자 가장 큰 도시로 이름은 마사이족 언어에서 유래했다. 마사이어 표현 'Enkare Nyrobi'는 '맑고 차가운 물'이라는 뜻으로 원래 나이로비강을 가리킨다. 이 지역에 풍부한 수자원이 있었기 때문에 이런 이름이 붙었다.

● 나이로비의 전경

Q3.

케냐의 주식 중 하나로
옥수숫가루로 만든 음식의 이름은
무엇일까요?

❶ 샤쿠슈카　　❷ 우갈리

❸ 따지네　　❹ 쿠스쿠스

Answer. ❷ 우갈리

우갈리는 옥수숫가루를 끓여 만든 케냐의 대표적인 주식으로 다양한 반찬
과 곁들여 먹는다.

● 케냐 사람들의 소울 푸드 우갈리

Q4.

케냐의 리프트 밸리
지역의 형성에 영향을 준
주요 지질학적 과정은 무엇일까요?

❶ 화산 폭발　　❷ 판 구조론의 작용
❸ 빙하의 이동　　❹ 퇴적암의 침식

Answer. ❷ 판 구조론의 작용

동아프리카 리프트 밸리는 아프리카판이 소말리아판과 누비아판으로 갈라
지는 경계에 있다. 판 구조론 작용은 지구의 지각이 여러 개의 판*plate*으로
이루어져 있으며 이 판들이 움직이면서 일어나는 다양한 지질 형상이다.

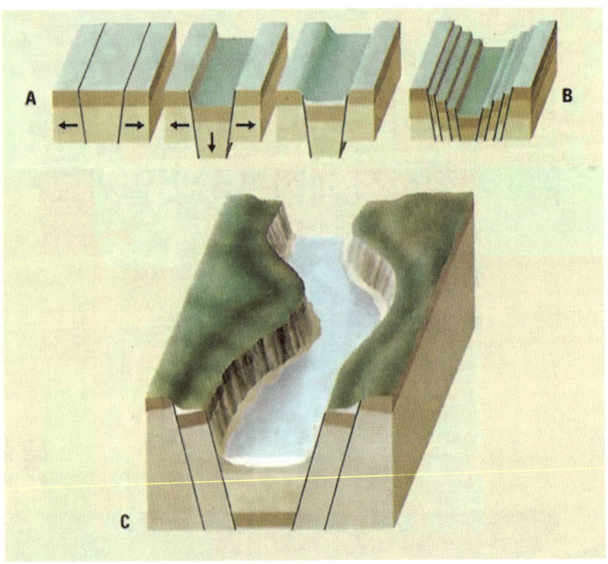

● 리프트 밸리 형성 과정

Q5.

케냐에 있는 아프리카에서
가장 큰 호수의 이름은
무엇일까요?

❶ 빅토리아 호수   ❷ 탕가니카 호수
❸ 말라위 호수   ❹ 카라바 호수

Answer. ❶ 빅토리아 호수

케냐는 아프리카 대륙에서 중요한 생물 다양성의 중심지 중 하나이다. 특히 빅토리아 호수는 세계에서 두 번째로 큰 담수호이자 아프리카에서 가장 큰 호수로 케냐, 우간다, 탄자니아에 걸쳐 있다. 다양한 생물군을 자랑하며 어류 다양성으로 유명하다.

● 빅토리아 호수

1부

하바리 야꼬! 케냐

서두름에는 축복이 없다.

'케냐'라고 하면 어떤 이미지가 가장 먼저 떠오르는가? 동물의 왕국, 가난에 허덕이는 나라, 정치적으로 불안한 위험한 나라? 그렇다면 여러분은 아직 한 번도 케냐를 있는 그대로 만나 본 적이 없다는 뜻이다.

다음의 보기 중에서 케냐와 관련이 있다고 생각하는 내용을 골라 보자.

1. 구글 아프리카*Google Africa*, IBM 리서치 아프리카*IBM Research Africa*, 코카콜라 아프리카*Coca-Cola Africa* 등 다국적 기업의 아프리카 본부와 유엔 환경계획*UNEP*, 유엔 해비타트*UN-Habitat* 등 국제기구의 본부가 위치한 곳

2. 세계적으로 가장 발달한 모바일 결제 시스템인 '엠페사*M-Pesa*'
   를 탄생시킨 나라

3. 국제 항공과 철도 노선이 교차하고 아프리카 내륙 국가들의 수
   출입을 담당하는 관문 역할을 하는 나라

4. 아프리카연합*AU*과 동아프리카공동체*EAC*의 회원국으로서 지역
   의 평화와 경제 협력에 이바지하는 나라

5. 동물 보호와 환경 보존을 통해 지속 가능한 발전을 추구하는 나라

● 케냐의 수도 나이로비

답을 찾았는가? 사실 앞에서 열거한 모든 내용은 우리가 잘 모르는 케냐의 흥미로운 사실들이다.

케냐는 단순히 야생 동물로 유명한 가난한 나라가 아니다. 이곳은 첨단 기술이 발전한 동아프리카의 중심 국가로, 대자연의 아름다움과 천혜의 기후를 자랑하며 다양한 종족과 인종이 어우러져 살아가는 멋진 나라이다.

물론 여느 나라와 마찬가지로 케냐에도 빈곤, 실업, 정치적 불안정과 부패 같은 사회적 문제가 존재한다. 그럼에도 케냐는 경제적, 문화적, 정치적으로 빠르게 성장하고 있는 기회와 가능성을 지닌 나라이다. 하나의 편견으로 단정 지을 수 없는 풍부한 역사와 문화를 가진 나라, 그것이 바로 케냐다.

이제부터 이 매력적인 나라, 케냐에 대해 호기심을 가지고 더 깊이 알아보자.

젊고 역동적인 나라

케냐는 동아프리카에 위치한 민주주의 국가이다. 동쪽은 인도양과 맞닿아 있고, 북동쪽은 소말리아, 북쪽은 에티오피아와 남수단, 서쪽은 우간다, 남쪽은 탄자니아와 국경을 접하고 있다. 국토 면적은 약 58만km^2로 한반도의 약 2.7배에 이르며 인구는 약 5,600만 명으로 한국과 비슷하다.

하지만 인구 구조를 보면 두 나라의 차이가 크다. 2025년 기준 한국의 출산율은 0.79명으로 인구가 줄고 있는 반면 케냐의 출산율은 3.2명에 달해 매년 약 3%씩 인구가 늘고 있다. 이러한 빠른 인구 증가는 케냐를 더욱 젊고 활기찬 나라로 만든다. 실제로 국민의 60%가 24세 이하일 만큼 젊은 층이 많으며 이들은 케냐의 기술과 디지털 금융 분야에서 중요한 역할

● 동아프리카에 위치한 케냐

을 하고 있다.

케냐의 높은 출산율은 단순히 인구 증가만을 의미하지 않는다. 경제적으로는 젊은 노동력이 풍부해져 앞으로 산업 성장을 이끌 힘이 되고 인구가 늘어나면서 내수 시장이 확대되어 상품과 서비스에 관한 수요가 커지고 기업 활동도 활발해진다. 사회적으로는 다양한 세대가 공존해 공동체 의식이 강화되고 교육과 보건 등 사회 서비스에 관한 투자와 혁신이 촉진된다. 또한 젊은 인재가 많아지면서 문화, 창업, 정보 통신 분야에서도 새로운 변화가 일어날 가능성이 커지고 있다. 환경적으로도 늘어나는 인구를 감당하기 위해 자원 관리와 친환경 기술을 도입하려는 노력이 확대되면서 지속 가능한 발전의 계기가 되고 있다.

내가 만나고 경험한 케냐의 10대와 20대 청년들은 어려운 환경 속에서도 불평하기보다 강한 삶의 의지와 배움에 관한 열망을 가지고 있었다. 그들은 케냐 특유의 긍정적 사고방식인 '하쿠나 마타타(문제없어)' 정신으로 어려움을 웃으며 극복했고 힘든 이웃을 위해 기꺼이 나누고 돕는 따뜻한 마음을 지니고 있었다. 또한 어디서든 음악이 들리면 함께 춤을 추며 현재를 즐길 줄 아는 사람들이었다.

그래서 나는 이 청년들이 이끌어 갈 케냐의 미래가 지금보다 훨씬 밝고 역동적일 것이라 확신한다. 10년 뒤, 20년 뒤의 케냐가 더 기대되는 이유가 바로 여기에 있다.

2025년의 대한민국에서 모바일 금융 서비스 없는 일상은 더 이상 상상하기 어렵다. 하지만 불과 10여 년 전만 해도 이 서비스는 우리에게 낯설고 새로운 분야였다. 그 시절 모바일 금융 시장의 가능성을 포착한 한국의 주요 기업들이 벤치마킹을 위해 찾아간 곳이 있었으니 바로 케냐의 이동 통신사 '사파리콤*Safaricom*'이었다.

2000년대 초 영국 국제개발부의 연구자들은 아프리카 사람들이 휴대전화 선불 요금을 가족이나 친구에게 전송하는 독특한 관행을 발견했다. 이 발견은 '휴대전화로 송금 서비스를 제공할 수 있다'는 아이디어로 발전했고 영국의 보다폰*Vodafone*과 사파리콤이 함께 모바일 금융 서비스를 개발하는 계기가 되었다.

2007년 사파리콤의 '엠페사'가 탄생했다. 반응은 폭발적이었다. 출시 4년 만인 2011년 가입자는 1,700만 명을 넘어섰고 케냐 인구 절반 이상이 모바일 뱅킹 계좌를 보유하게 되었다. 14년 전 케냐에서는 휴대전화 하나로 송금과 결제가 가능한 시대가 열렸던 것이다.

케냐에서 모바일 금융 서비스가 빠르게 확산할 수 있었던 이유는 아이러니하게도 열악한 금융 인프라와 불안정한 치안 때문이었다. 은행 계좌는 안정적인 직장과 재산 증빙이 가능한 일부 사람들만 가질 수 있었고 은행은 대부분 도시 지역에 집중되어 있었다. 농촌이나 교외에 사는 사람들에게 금융 서비스는 사실상 그림의 떡이었다.

그러나 엠페사는 달랐다. 신분증과 저렴한 휴대전화만 있으면 누구나 가입할 수 있었고 계좌 유지 비용도 없었다. 몇백 원에서 몇천 원 단위의 소액 충전과 송금도 가능해 하루 벌어 하루를 사는 서민들의 삶에 실질적인 도움이 되었다. 게다가 현금을 직접 보관하는 것이 위험했던 케냐에서 엠페사는 안전한 자산 관리 수단으로 빠르게 자리 잡았다.

사파리콤의 혁신은 여기서 그치지 않았다. 금융 접근성의 가장 큰 장애물이었던 '은행 지점 부재'를 해결하기 위해 전국적으로 작은 규모의 에이전트 네트워크를 구축했다. 시골 마을의 구멍가게나 작은 상점을 은행 지점처럼 활용하는 시스템을

● 작은 시골 마을에서도 찾아볼 수 있는 엠페사 에이전트

만든 것이다. 휴대전화만 있으면 누구나 에이전트 사업을 시작할 수 있었고 사람들은 은행 대신 이 에이전트를 통해 입출금과 송금을 손쉽게 처리할 수 있었다. 이 촘촘한 네트워크 덕분에 케냐 전역, 심지어 외딴 마을까지 금융 서비스가 닿을 수 있었고 엠페사의 확산 속도는 더 빨라졌다.

현재 엠페사는 단순한 송금 수단을 넘어 케냐 경제의 핵심 인프라가 되었다. 급여 지급, 세금 징수, 공과금 납부는 물론 슈퍼마켓, 주유소, 병원에서도 엠페사 결제가 가능하다. 저축, 대출, 보험 등 생활 전반을 아우르는 서비스로 발전하며 케냐 국민의 경제 활동을 지원하는 실질적인 금융 플랫폼으로 자리 잡았다.

2024년 기준 엠페사의 케냐 내 시장 점유율은 무려 93.4%에 달한다. 케냐 GDP의 상당 부분이 엠페사를 통해 거래될 정도로 그 영향력은 국가 경제 전반에 걸쳐 막강하다. 2025년 엠페사는 케냐를 넘어 아프리카 전역 7,000만 명 이상이 사용하는 서비스로 확장되었고 인도와 루마니아 등에서도 운영되며 글로벌 핀테크 플랫폼으로 성장하고 있다.

케냐의 핀테크 산업

케냐의 강력한 모바일 통신 인프라는 핀테크 서비스 확산에 중요한 역할을 하고 있다. 모바일을 통한 금융 접근이 쉬워지면서 케냐에서는 사파리콤 이외에도 다양한 핀테크 스타트업이 등장해 효율적인 금융 서비스를 제공하고 있다. 브랜치*Branch*, 탈라*Tala*, 코포코포*Kopo Kopo*와 같은 스타트업이 대표적이다. 이들은 소액 대출, 디지털 결제, 소상공인을 위한 회계 서비스 등 다양한 분야에서 혁신적인 솔루션을 제공하고 있다.

나는 케냐에서 커피 사업을 하면서 코포코포 서비스를 이용해 손님들의 모바일 결제 대금을 받고 있다. 이 서비스는 온라인, 오프라인, 모바일 앱과 연동되어 실시간으로 결제 내역을

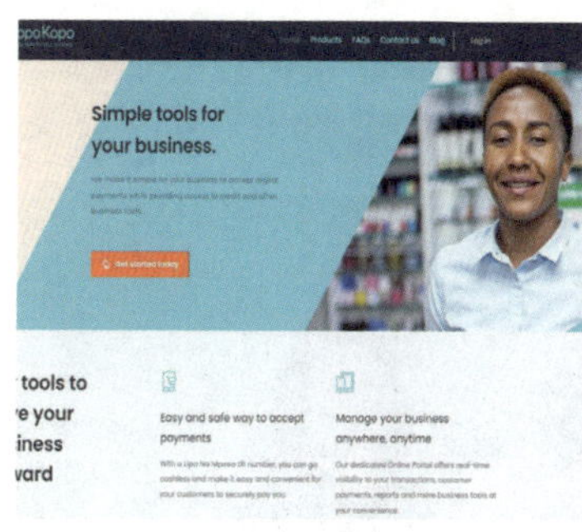

● 모바일 결제 서비스 코포코포

● 온라인 쇼핑몰 주미아 직원들

확인할 수 있게 해 주며 기간별 통계 제공은 물론 개인이나 기관으로의 송금 및 결제 서비스도 지원한다. 쉽고 간편한 사용법 덕분에 특별한 교육 없이 누구나 쉽게 사용할 수 있고 고객 서비스 또한 체계적으로 잘 되어 있어 선진국의 여느 결제 서비스와 비교해도 손색이 없다.

아프리카에서 이런 최첨단 기술을 활용하는 것은 한국 사람들에게 다소 낯설게 느껴질 수 있지만 실제로 케냐의 핀테크 산업은 상상 이상으로 발전해 있다.

모바일 통신 인프라를 통한 혁신적인 디지털 서비스

케냐에서는 "구걸도 엠페사로 받고 뇌물도 엠페사로 받는

● 모바일 헬스케어 플랫폼 엠티바

다"라는 말이 있을 정도로 엠페사의 사용이 일상화되어 있다. 전기세, 수업료, 병원비, 벌금, 등록비, 용돈 등 거의 모든 생활비를 엠페사로 해결할 수 있어 케냐에서 엠페사만 있다면 생활에 불편함을 느끼기 어렵다.

물론 엠페사를 이용한 전화 금융 사기 같은 범죄가 사회적으로 큰 문제가 되는 등 부정적인 현상도 있다. 그럼에도 모바일 머니는 이미 케냐 사람들의 삶에 없어서는 안 될 필수 수단으로 자리 잡았다. 이처럼 전 국민의 모바일 통신 활용도가 높다 보니 케냐에서는 핀테크뿐만 아니라 모바일 인프라를 기반으로 한 다양한 서비스가 개발되고 적극적으로 활용되고 있다.

사파리콤은 '엠티바*M-Tiba*'라는 모바일 헬스케어 플랫폼을 통해 사용자가 건강 보험을 관리하고 병원 결제를 할 수 있는 서비스를 제공하고 있다. 또한 '토토헬스*TotoHealth*' 프로그램을 통해 임산부와 어린이의 건강 상태를 모니터링하고 적절한 건강 정보를 제공하는 서비스도 시작했다.

농업 분야에서도 IoT(사물 인터넷) 기술이 도입되어 농민들이 실시간으로 농작물 상태를 모니터링하고 효율적으로 관리할 수 있다. '디지팜*Digifarm*'은 농부들에게 농작물 관리 방법, 날씨 정보, 시장 접근성을 높이는 방법 등을 제공하며 모바일 기술을 통해 소규모 농부들의 생산성과 수익성을 높이는 데 이바지하고 있다.

케냐 핀테크 시장은 국제 투자자들에게도 매우 매력적인 시장이다. 많은 글로벌 벤처 투자사와 기관이 케냐의 핀테크 스타트업에 투자하면서 산업의 성장과 발전이 가속화되고 있다. 인공 지능, 블록체인, 빅 데이터와 같은 첨단 기술의 도입이 핀테크 산업의 혁신을 지속적으로 이끌어 갈 것으로 기대된다.

아프리카의 '실리콘 사바나', 콘자 스마트 시티

콘자 스마트 시티 프로젝트는 케냐 정부의 장기 국가 발전 전략인 비전 2030*vision 2030*(2008년 발표)의 핵심 과제로 시작된 대규모 기술 및 경제 혁신 프로젝트다. 이 프로젝트는 나이로비에서 약 60km 떨어진 콘자 지역에 아프리카 대륙의 기술 혁신을 상징하는 '실리콘 사바나*Sillicon Savannah*'를 구현하는 것을 목표로 한다.

프로젝트의 핵심은 첨단 기술 허브를 조성하고 창의 산업을 집중적으로 육성하며 완벽한 디지털 인프라를 갖춘 지속 가능한 스마트 시티를 건설하는 데 있다. 콘자 스마트 시티는 완공 시 수천 개의 일자리를 창출하고 경제 성장을 견인하며 케냐 중산층 확대를 이끌 것으로 기대를 모으고 있다.

현재 콘자 스마트 시티 프로젝트에는 다수의 글로벌 기업과 정부 기관이 투자를 이어가고 있으며 한국, 미국, 중국 등 여러 나라가 기술 지원과 재정 지원을 하고 있다. 한국은 이 프로젝트의 핵심 파트너이며 '경제 혁신 파트너십 프로그램'을 통해 스마트 시티 마스터 플랜 개발부터 통합 제어 센터 타당성 조사, 지능형 교통 시스템 구축, 스타트업 생태계 조성, 스마트 물류 시스템 개발까지 광범위한 분야를 지원하고 있다. 과학 기술과 디지털 콘텐츠 분야에서 쌓아온 한국의 다양한 경험과

● 콘자 스마트 시티 조감도

전문성은 프로젝트 성공에 결정적인 도움을 주고 있다.

콘자 스마트 시티 프로젝트를 통해 한국의 젊은 인재들이 케냐로 진출하여 글로벌 경험을 쌓고 개발 도상국의 혁신에 동참하며 국제적 네트워크를 확장하는 기회를 갖게 되기를 바란다.

다채로운 자연환경과 기후

"그렇게 더운 곳에서 어떻게 살아요?"

케냐에 산다고 하면 자주 듣는 질문 중 하나이다. 한국 사람들이 케냐를 더운 나라로 생각하는 이유는 주로 미디어와 구호 단체들이 보여 주는 이미지 때문일 가능성이 크다. 많은 구호 단체의 캠페인이나 다큐멘터리에서 건조하고 뜨거운 사막 지역, 기근과 가난에 시달리는 모습을 주로 보여 주다 보니 사람들은 케냐를 덥고 황폐한 나라로 알고 있다. 게다가 케냐가 적도에 자리 잡고 있다는 사실만 알고 자연스럽게 '더운 나라'라고 생각하는 사람들도 있다.

하지만 실제로 케냐의 기후는 고도와 지형, 지역에 따라 매우 다양하다. 중앙 고원 지대는 기온이 비교적 낮아 시원하고 쾌적하며 인도양과 맞닿은 동부 해안 지역은 열대 기후의 특성을 띠어 덥고 습하다. 반면 북부 지역은 사막화가 진행되어 건조하고 거친 환경을 이루는 등 다채로운 자연환경을 자랑한다.

태양 아래 녹색 도시, 선선하고 푸르른 나이로비

내가 살고 있는 나이로비는 해발 1,700m에 위치하며 중앙 고원 지대에 속한다. 연간 강수량은 약 600mm 정도이며 비는 주로 3월부터 5월까지의 대우기와 10월부터 12월까지의 소우기에 집중된다. 하지만 우기에도 한국 장마처럼 하루 종일 비가 내리는 일은 거의 없고 대부분 비가 몇 시간 동안 강하게 내리다 금방 그치며 언제 그랬냐는 듯 맑은 하늘로 바뀐다. 덕분에 우기에도 습도가 높지 않아 빨래를 널면 금방 마르며 한국의 습하고 더운 장마철과는 느낌이 확연히 다르다.

나이로비를 포함한 고원 지대는 최저 기온이 섭씨 10~14도, 최고 기온이 섭씨 22~28도 정도로 1년 내내 한국의 초가을 날씨와 비슷하다. 그리 덥지도 춥지도 않아서 생활하기에 매우 쾌적하며 1년 내내 나무들은 푸르르고 화려한 꽃들이 피어 아름다운 자연을 마음껏 즐길 수 있다. 이 지역은 기후가 안정적이고 토양이 비옥해 농사 짓기에 좋고 차와 커피 같은 주요 농작물이 잘 자란다.

인도양과 맞닿은 동부 해안으로 가 보자. 뜨거운 햇빛 아래 밀가루를 뿌려 놓은 듯한 하얀 산호 해변과 눈이 부실 정도로 아름다운 에메랄드빛 바다가 펼쳐져 있다. 이 지역은 평균 기온이 섭씨 20~33도로 1년 내내 덥고 습하며 연평균 강수량이 1,200mm에 달하는 전형적인 열대 기후를 보인다. 코코넛, 망고, 바나나 등 열대작물이 많이 재배되며 해산물도 풍부하다.

몸바사, 말린디, 와타무, 라무 등의 도시는 한국 사람들에게는 다소 생소할 수 있지만 오래전부터 유럽 사람들에게는 최고의 휴양지로 알려져 있다. 해변을 따라 최고급 리조트들이 늘어서 있으며 세계 각지에서 관광객들이 몰려 항상 활기가 넘친다.

● 열대 기후를 띠고 있는 동부 해안 지역

　케냐의 북부 지역은 이미 사막화가 된 북동부와 사막화가 진행 중인 투르카나 호수 주변의 북서부로 나뉜다.

　북동부 지역은 사바나와 반건조 지대가 주를 이루며 연중 기온이 매우 높다. 낮 기온은 섭씨 30~40도에 달하고 여름철에는 섭씨 40도를 훌쩍 넘기도 한다. 연평균 강수량은 200~400mm로 매우 적고 비가 내리는 기간도 짧다. 이로 인해 가뭄이 자주 발생하며 물과 식량 부족 문제가 심각하다. 나무는 드문 편이며 주로 풀과 가시덤불, 건조한 기후에 적응한 관목이 자란다.

　열악한 기후 조건에도 불구하고 이곳 주민들은 전통적인 생

● 오랜 가뭄으로 먼 거리까지 물을 찾아가는 사람들

활 방식을 유지하며 살아간다. 낙타, 염소, 소와 같은 가축을 기르며 물과 목초지를 찾아 이동하는 유목민이 대부분이다. 연중 비가 부족하여 지하수와 우물에 의지하며 살아가고 유엔 개발계획*UNDP*과 세계은행 등 다양한 국제단체가 관개 시설 개선, 우물 개발, 펌프 제공 등 수자원 개발 프로젝트를 진행하고 있다.

북서부 지역도 덥고 건조한 사막 기후이지만 세계에서 가장 큰 사막 호수 중 하나인 투르카나 호수가 자리 잡고 있어 북동부와는 환경이 조금 다르다. 호수 덕분에 어업이 활발하게 이루어지며 물이 부족한 환경에서 호수는 주민들의 생계유지에 중요한 역할을 한다.

케냐의 상징들

국기

케냐의 국기는 1963년 12월 12일 영국 식민지에서 독립하면서 지정되었다. 국기는 검은색, 빨간색, 초록색의 가로줄 무늬로 구성되어 있으며 줄무늬 사이에는 얇은 하얀색 가로줄 두 개가 들어가 있다.

● 케냐 국기

각 색은 특별한 의미를 담고 있다. 검은색은 케냐 국민을, 초록색은 농업과 천연자원을, 빨간색은 자유를 위한 투쟁을, 하얀색은 통일과 평화를 상징한다. 국기 중앙에는 마사이족의 방패와 창이 그려져 있다. 이는 자유의 수호를 의미하며 케냐의 독립과 자유를 지키겠다는 강한 의지를 상징한다.

● 케냐 국장

케냐의 국장 아래에는 스와힐리어로 '모두 함께'라는 뜻을 지닌 '하람베*Harambee*'라는 단어가 적혀 있다. 하람베는 오래전부터 사회, 문화, 경제 분야에서 공동체의 힘을 강조할 때 자주 사용되던 구호이다. 독립 이후에는 국민의 협력과 단결이 필요한 다양한 사회 프로젝트와 행사에서 국장과 함께 사용되고 있다.

국장 중앙의 방패는 케냐 국기와 같은 검은색, 빨간색, 초록색으로 채워져 있으며 가로지르는 하얀색 줄무늬가 있다. 방패 안에는 새로움과 번영을 상징하는 수탉이 도끼를 들고 서 있고 방패 뒤에는 단결과 자유의 수호를 상징하는 두 개의 엇갈린 창이 놓여 있다. 방패 양쪽에는 용맹을 나타내는 두 마리의 사자가 창을 잡고 서 있으며 사자 발 아래에는 케냐의 산과 주요 농산물인 커피, 제충국, 사이잘, 차, 옥수수, 파인애플이 그려져 있다.

케냐의 국가

케냐의 국가는 케냐 남동부에 거주하던 반투족의 일파인 포코모족의 어머니들이 아이들에게 불러 주던 전통 노래에서 기원했다. 현재 국가는 영어 또는 스와힐리어로 공식 행사에서 불리며 케냐의 독립 정신과 국민의 단결을 상징적으로 나타낸다.

1절

Ee Mungu nguvu yetu
오, 만물의 하느님이시여

Ilete baraka kwetu
우리의 영토와 국가를 축복하소서

Haki iwe ngao na mlinzi
우리의 정의를 지켜 주시옵소서

Natukae na undugu
우리는 하나가 될 수 있습니다

Amani na uhuru
평화와 자유로써

Raha tupate na ustawi
우리의 경계 안에서 충만하게 발견케 하소서

2절

Amkeni ndugu zetu
모두 일어나자

Tufanye sote bidii
힘과 진실 그리고 온 마음으로

Nasi tujitoe kwa nguvu
기꺼이 우리의 성실한 노력을 바치겠습니다

Nchi yetu ya Kenya
그리고 우리의 고향 케냐

Tunayoipenda
장엄한 유산

Tuwe tayari kuilinda
우리는 굳세게 지키겠습니다

3절

Natujenge taifa letu
우리 모두 함께 하나로 단결하리

Ee, ndio wajibu wetu
하나로 합심하여

Kenya istahili heshima
우리의 나라를 함께 만들어가리

Tuungane mikono
케냐의 영광

Pamoja kazini
노동의 열매를

Kila siku tuwe na shukrani
모두의 마음에 감사를 담아 채워 주소서

케냐 국가 듣기

케냐에 왔다면
꼭 보고 가야 하는 빅 파이브

'동물의 왕국'으로 불리는 케냐에 왔다 하더라도 야생 동물을 가까이에서 보려면 국립공원으로 사파리를 떠나야 한다. '사파리*Safari*'는 스와힐리어로 '여행'이나 '탐험'을 뜻하는 단어로 트럭을 타고 동물들의 서식지로 들어가 직접 동물을 찾아 나서는 모험을 의미한다.

동물원에서는 동물들이 작은 우리 안에 갇혀 있어 짧은 시간에 다양한 동물을 쉽게 볼 수 있지만 사파리에서는 원하는 동물을 만나기 위해 반나절에서 2박 3일 동안 덜컹거리는 비포장도로를 달리며 찾아야 한다. 얼룩말, 영양, 멧돼지처럼 온순하고 개체 수가 많은 초식 동물들은 비교적 쉽게 발견할 수 있다. 그러나 많은 관광객이 특히 보고 싶어 하는 코끼리, 사자, 표범, 버펄로, 코뿔소는 운이 따라야 볼 수 있다. 이 다섯 종을 '빅 파이브*Big 5*'라고 부른다.

원래 이 용어는 과거 밀렵이 성행하던 시절 사냥하기 가장 까다롭고 위험한 동물들을 지칭할 때 사용했지만 오늘날에는 사파리 관광의 하이라이트로 자리 잡았다. 빅 파이브를 하나씩 발견할 때마다 느끼는 짜릿함은 마치 보물찾기와 같아 사파리의 큰 즐거움 중 하나가 된다. 특히 이 동물들은 아프리카의 다양한 서식지에서 각기 다른 방식으로 생태계에 중요한 역할을 하고 있어 자연스러운 모습을 직접 관찰하는 경

● 사파리의 보석 빅 파이브

험은 매우 특별하다.

안타깝게도 빅 파이브를 포함한 많은 야생 동물이 밀렵, 서식지 손실, 질병 등으로 개체 수가 급격히 줄어들며 멸종 위기에 처해 있다. 최근 몇 년 동안에는 기후 변화로 인한 극심한 가뭄으로 물을 찾지 못한 동물들이 집단으로 죽음을 맞이하는 일도 빈번해 아프리카 생태계 전체에 큰 영향을 미치고 있다.

이를 막기 위해 케냐 정부는 '케냐야생동물국*KWS*'을 설립하여 불법 활동으로부터 동물을 보호하고 드론, 위성 추적, 카메라 트랩 등 최신 기술을 활용해 야생 동물의 이동 경로를 추적하며 밀렵꾼을 단속하고 있다. 또한 케냐는 세계자연보전연맹*IUCN*, 세계야생동물기금*WWF*, 아프리카야생동물재단*AWF*과 같은 국제기구와 협력해 야생 동물 보호에 힘쓰고 있다.

야생 동물 보호는 단순히 동물을 지키는 것에 그치지 않는다. 지구 전체의 생태계와 인류의 미래를 지키는 중요한 일이기도 하다. 이를 위해 각국 정부와 국제 사회가 지속적으로 협력하며 더 나은 보호 방법을 모색해야 할 것이다.

케냐의 수도와 주요 도시

케냐는 건국 이후 2009년까지 중부주, 해안주, 동부주, 나이로비주, 북동부주, 니안자주, 리프트밸리주, 서부주 등 8개의 주로 나뉘어 통치되었다. 그러나 2010년 중앙 정부 권한을 지방으로 분산시키기 위한 분권화를 목표로 헌법이 개정되었고, 2013년 행정 구역이 개편되면서 현재와 같은 47개의 카운티(현) 체제가 도입되었다.

이후 각 카운티는 독자적인 지방 정부를 구성해 경제 개발, 보건, 교육 등 다양한 분야에서 주도적인 역할을 맡게 되었다. 하지만 행정 구역 개편이 이루어진 지 10년이 지난 지금도 케냐 사람들에게 출신 지역을 물어보면 옛 8개 주 단위로 답하는 경우가 많다.

나이로비는 1899년 영국 식민지 시절 우간다 철도의 중간 기착지로 지정된 이후 빠르게 성장했다. 1963년 케냐가 독립하면서 공식적으로 수도가 되었으며 현재는 금융, 기술, 제조업, 관광업이 발달한 중요한 도시로 자리 잡았다. 최근에는 기술 산업의 급성장으로 '실리콘 사바나'라는 별명을 얻었다.

나이로비는 케냐의 경제와 교육의 중심지로 많은 글로벌 기업 본사와 대학, 연구 기관이 위치해 교육과 연구 환경이 매우 뛰어나다. 또한 아프리카 대륙 내 비즈니스와 기술 산업의 허브로 자리매김하며 전 세계에서 많은 사람이 일자리와 사업 기회를 찾아 모여든다.

하지만 급증하는 인구와 빠른 도시화로 인해 다양한 문제가 발생하고 있다. 가장 큰 어려움은 교통 체증이다. 차량 수가 빠르게 늘어나지만 도로 인프라는 부족해 출퇴근 시간마다 도로가 마비된다. 운전자들이 교통 법규를 잘 지키지 않는 것도 상황을 악화시킨다. 그 결과 시민들은 길에서 많은 시간을 허비하게 되고 이는 생산성 저하와 경제적 손실로 이어진다. 비가 오거나 사고가 발생하면 상황은 더 악화된다. 또한 정체된 차량에서 나오는 매연은 대기 오염을 심화시켜 시민들의 건강을 위협한다.

나이로비는 빈부 격차 문제도 심각하다. 도심에는 고급 주택과 상업 시설이 밀집해 있지만 외곽과 슬럼가에서는 열악한

● 나이로비 도심의 모습

● 몸바사 항구

환경 속에서 생활하는 사람이 많다. 이 격차는 시민들 사이에 상대적 박탈감을 키우고 범죄율 증가와 사회적 불안을 초래한다. 특히 소매치기, 강도 등 범죄가 빈번하며 외국인 관광객 대상 범죄도 끊이지 않는다. 이러한 문제는 도시 안전과 투자 환경에도 부정적인 영향을 미친다.

동아프리카 해상 교역의 중심지, 몸바사

몸바사는 약 120만 명이 살고 있는 케냐에서 두 번째로 큰 도시다. 동부 해안의 인도양 연안에 위치해 케냐 수출입 물류의 대부분이 몸바사 항구를 통해 이루어지며 동아프리카 해상 교역 중심지로서 중요한 역할을 한다.

몸바사는 스와힐리 문화권에 속하며 아랍과 아프리카 문화가 결합해 내륙 도시와는 다른 독특한 분위기를 갖고 있다. 주민 대부분이 무슬림으로 이슬람교는 정치, 경제, 문화 전반에 큰 영향을 미치며 정치권에서도 이슬람 지도자들이 중요한 역할을 한다. 또한 아름다운 해변과 역사적 유적지로 관광업이 매우 발달해 있다. 해안선을 따라 리조트와 호텔이 즐비하며 관광객들은 해양 스포츠와 사파리 투어를 즐기기 위해 연중 북적인다.

정치적 색깔이 뚜렷한 도시, 키수무

키수무는 케냐 서부의 중심 도시로 빅토리아 호수의 아름다운 풍경과 역사 유적, 활기찬 분위기를 자랑한다. 19세기 후반 영국 식민지 시절 우간다 철도의 종착점으로 지정되면서 빅토리아 호수와 내륙을 연결하는 중요한 교통 허브로 성장했다.

풍부한 수산 자원과 비옥한 토지를 바탕으로 어업과 농업이 발달했으며 호수에서는 보트 투어와 낚시 등 레저 활동도 활발하다. 하지만 최근에는 수질 오염과 수초 확산으로 지역 사회와 생태계에 위협이 되고 있다.

키수무는 정치적으로 중요한 도시이기도 하다. 식민지 시절 독립운동의 중심지였고 독립 이후에도 시민들의 정치 참여가 활발했다. 특히 루오족 출신의 정치 지도자 라일라 오딩가*Raila Odinga*와 그의 지지층이 강하게 형성되어 케냐 정치에 큰 영향력을 끼쳤다.

● 키수무에서 선거 유세 중인 라일라 오딩가

정치적 격변기마다 어려움도 겪었다. 2007년 대통령 선거 이후 부정 선거에 대한 불만이 폭발하며 키수무는 반정부 시위의 중심지가 되었고 많은 희생자가 발생하기도 했다. 이러한 역사적 배경은 키수무 시민들의 정체성과 자부심을 더욱 강하게 만들어 주었다.

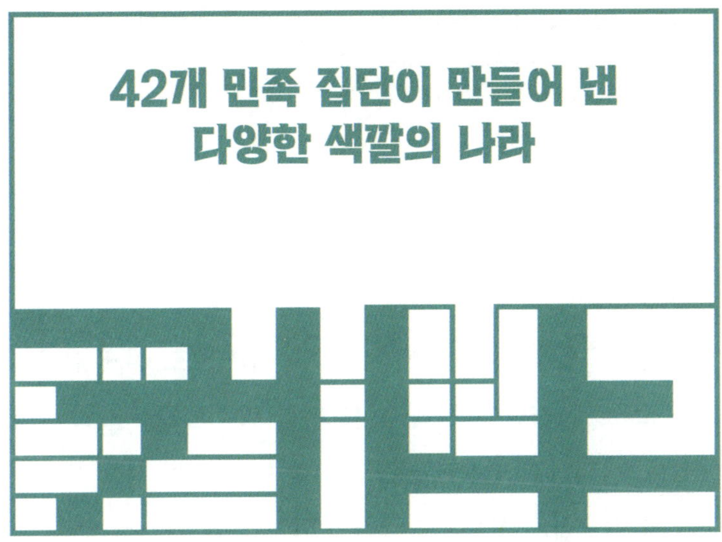

케냐는 다양한 인종과 민족, 언어 그룹으로 구성된 다문화 국가다. 총 42개의 종족 집단이 함께 살아가며 백인, 인도인, 아랍인 등 비아프리카계 민족도 전체 인구의 약 1%를 차지한다. 대표적인 종족으로는 키쿠유 *Kikuyu*, 루야 *Luhya*, 루오 *Luo*, 칼렌진 *Kalenjin*, 캄바 *Kamba*, 키시 *Kisii* 등이 있으며 이외에도 다양한 민족 집단이 고유한 문화와 전통을 지켜 가고 있다.

처음 케냐에 왔을 때 검은 피부와 곱슬머리, 뚜렷한 이목구비를 가진 사람들을 구별하기 어려웠다. 하지만 오랜 시간 사람들과 어울리며 피부색, 체형, 얼굴 특징 등으로 각 개인과 종족의 고유한 특징을 알아볼 수 있게 되었다. 한국의 전라도, 경상도, 충청도 사람에게 떠오르는 이미지가 있듯이 케냐의 42개의 민족 집단도 저마다 뚜렷한 특징을 지니고 있다.

케냐에 사는 다양한 민족 집단

키쿠유족

키쿠유족은 케냐에서 가장 큰 인구 집단으로 전체 인구의 17~22%를 차지한다. 주로 나이로비를 포함한 중부 지역의 비옥한 고지대에 거주하며 농경 생활을 해 왔지만 서구 문명을 빠르게 흡수하고 적응하는 능력이 뛰어났다.

키쿠유족은 기업가 정신이 강해 많은 이들이 도시로 이주해 비즈니스와 상업 활동을 활발히 펼쳤다. 현재 케냐 경제에서 중요한 역할을 담당하며 특히 상업과 무역 분야에서 두각을 나타낸다.

정치적으로도 영향력이 크다. 독립운동 지도자이자 초대 대통령인 조모 케냐타*Jomo Kenyatta*, 그의 아들 우후루 케냐타*Uhuru Kenyatta* 그리고 므와이 키바키*Mwai Kibaki*까지 세 명의 대통령을 키쿠유족 출신이 배출했다. 하지만 이러한 정치, 경제적 우위는 다른 민족 집단의 불만을 초래했으며 민족 집단 간 소득 불균형과 갈등의 원인이 되기도 했다. 2007년 대통령 선거 이후 폭력 사태로 민족 갈등이 표면화되었다.

루야족

루야족은 케냐 서부 지역에 거주하며 전체 인구의 약 14%를 차지하는 두 번째로 큰 민족 집단이다. 주로 붕고마, 카카메가, 부시아 등에 거주하며 반투*Bantu*계 언어를 사용한다. 소부족별로 방언이 존재하며 단단하고 밝은 인상을 가진 것이 특징이다.

루야족은 16세기경 현재 우간다 지역에서 이주해 서부 케냐에 정착했다. 옥수수, 감자, 수수, 콩을 재배하고 닭, 소, 염소를 키우며 농경과 목축을 중심으로 생계를 이어 왔다.

또한 결혼식과 장례식 같은 의식에서 진행되는 춤과 음악을 활용해 공동체의 유대감을 강화하는 전통을 지니고 있다.

루오족

루오족은 케냐 서부, 특히 빅토리아 호수 근방에 거주하며 인구의 약 10%를 차지한다. 주로 낚시, 농사, 목축을 생계 수단으로 삼으며 루오어를 사용한다.

루오족은 정치적으로도 케냐에서 중요한 역할을 해 왔다. 키쿠유족이 정치적 기득권을 차지하는 동안 루오족은 이를 대항하는 대표적인 민족 집단으로 평가받는다. 루오족 출신 정치인 라일라 오딩가는 여러 차례 대통령 선거에 출마하며 민주화와 독재 종식에 이바지했다.

버락 오바마*Barack Obama* 전 미국 대통령의 아버지 버락 오바마 시니어*Barack Obama, Sr.*는 루오족 출신으로 케냐 서부에

서 자랐다. 그는 미국으로 유학을 떠나 하와이에서 앤 던햄*Ann Dunham*을 만나 결혼하고 버락 오바마를 낳았다. '버락'은 스와힐리어로 '축복'을 의미한다.

버락 오바마는 자신의 저서 《내 아버지로부터의 꿈*Dreams from My Father*》에서 케냐와 루오족에 관한 이야기를 담았으며 2006년에는 아버지의 고향 코겔로를 방문해 자신의 뿌리를 재확인했다. 2015년 대통령 재임 중에는 케냐를 공식 방문해 양국 관계 강화와 경제, 기술 협력 방안을 논의하며 케냐 출신 인물이 세계 무대에서 활약할 수 있음을 상징적으로 보여 주었다.

마사이족

마사이족은 케냐와 탄자니아에 거주하는 유목 민족으로 평

● 마사이족

● 마사이족의 전통 집 만야타

균 키가 177cm에 달하는 장신이며 날씬하고 긴 팔다리를 가진 체형이 특징이다.

마사이족은 전통적으로 '만야타*Manyatta*'라고 불리는 원형 흙벽돌 집에 거주하며 가시나무 울타리로 집과 가축을 보호했다. 오랫동안 소, 양, 염소를 키우며 목초지를 따라 이동하는 유목 생활을 해 왔고, 소는 재산과 지위의 상징으로 매우 중요한 역할을 했다. 하지만 최근 많은 마사이족이 유목 생활을 포기하고 정착하거나 농업, 관광업에 종사하며 새로운 삶을 개척하고 있다.

민족 간 이해와 평등을 향한 케냐의 발걸음

다양한 민족 집단이 한 국가 안에서 함께 살아가는 것은 쉽지 않다. 각 민족 집단은 고유한 언어와 문화, 전통을 지니고 있어 공동체 유대감이 매우 강하다. 따라서 타 민족 집단으로부터 부당한 대우를 받는 경우 분쟁이 발생하기도 한다. 특히 경제적, 정치적 불평등은 여전히 사회 문제로 남아 있다.

이를 개선하기 위해 케냐 헌법은 모든 국민에게 평등한 권리를 보장하고 각 문화와 인종을 존중하도록 규정하고 있다. 정부와 사회단체가 축제, 전통 행사, 문화 교육 프로그램 등을 통해 민족 집단 간 이해와 화합을 돕고자 노력하고 있다.

케냐는 1963년 독립 이후 다양한 민족 집단 간 소통과 통합을 위해 영어와 스와힐리어를 공용어로 지정했다. 영어는 식민지 시절부터 상류층과 공직자 사이에서 사용되었고 오늘날 행정, 교육, 법률, 비즈니스 등 공식 영역에서 중요한 역할을 한다.

반면 일상 대화에서는 스와힐리어가 가장 널리 쓰인다. 스와힐리어는 해안 지역에서 아랍 상인들과의 무역 과정에서 발전한 언어로 동아프리카의 다민족 사회에서 자연스럽게 공통의 생활 언어가 되었다.

이 외에도 케냐 내에는 70여 개 민족 집단 언어가 사용되며 각 언어는 민족 집단의 정체성과 전통을 담은 문화적 유산이다. 실제로 케냐 사람들은 공식 석상에서는 영어를, 일상에서는 스와힐리어를 사용하지만 가정이나 마을 공동체에서는 민족 집단 언어를 사용해 자신들의 정체성을 드러낸다.

나는 현지에서 직원들과 일하며 흥미로운 현상을 목격한 적이 있다. 평소에는 스와힐리어나 영어로 원만하게 소통하던 직원들이 갈등 상황에서는 민족 집단별로 똘똘 뭉쳐 자신들만 알아들을 수 있는 언어로 소통했다. 위기 상황일수록 민족 집단 언어는 단순한 대화 수단을 넘어 '우리끼리'라는 울타리를 세우는 역할을 했다.

간단한 스와힐리어 배워 보기

케냐를 여행하거나 비즈니스 등으로 잠시 방문하는 경우에는 영어만으로도 충분하지만 현지인들과 더 깊이 소통하고 싶다면 기본적인 스와힐리어 정도는 배워 가는 것이 좋다. 서툴더라도 스와힐리어로 말을 걸어 오는 외국인에게 케냐 사람들은 쉽게 마음을 열어 줄 것이다.

다음은 케냐 친구를 사귈 수 있게 도와 줄 간단한 스와힐리어 표현이다.

의미	영문 표기	발음
안녕하세요	*Habari*	하바리
좋은 아침입니다	*Habari za asubuhi*	하바리 자 아수부히
좋은 저녁입니다	*Habari za jioni*	하바리 자 지오니
잘 지내고 있어요	*Nzuri*	은주리
감사합니다	*Asante*	아산테
천만에요	*Karibu*	카리부
죄송합니다	*Pole*	폴레
잘 지내세요	*Kwaheri*	콰헤리
이름이 뭐에요?	*Jina lako nani?*	지나 라코 나니?
제 이름은 @@ 입니다	*Jina langu ni @@*	지나 랑구 니 @@
도와주세요	*Tafadhali nisaidie*	타파달리 니사이디에

함께 생각하고 토론하기

많은 사람이 케냐를 빈곤한 나라라고 생각하지만 케냐는 관광업, 농업, 정보 기술 산업 등 다양한 분야에서 급성장하며 동아프리카에서 가장 빠르게 성장하는 국가 중 하나로 주목받고 있습니다. 이러한 긍정적 변화와 성과는 국내외에 잘 알려지지 않아 케냐의 실제 모습과 잠재력이 제대로 평가받지 못하는 경우가 많습니다.

● 많은 사람이 케냐를 빈곤국으로만 인식하는 이유는 무엇일까요? 이를 바꾸기 위해 케냐 정부와 시민, 국제 사회가 할 수 있는 역할에 관해 토론해 봅시다.

●● 케냐의 경제적·사회적 성장을 국제 사회에 효과적으로 알리기 위해 어떤 전략과 수단이 가장 적절할까요? 그 이유를 다양한 관점에서 토론해 봅시다.

케냐는 젊은 인구가 풍부해 경제 성장을 이끄는 잠재력이 크지만 일자리 부족과 불안정한 고용 환경으로 청년들이 재능을 충분히 발휘하지 못하고 있습니다. 반면 한국은 저출산과 고령화로 노동 인력이 감소하면서 경제 활력을 유지하기 어려운 상황에 직면해 있습니다.

● 케냐와 한국의 청년 인구 구조 차이가 경제 성장과 사회 발전에 미치는 긍정적·부정적 영향을 비교해 봅시다.

● ● 두 나라가 청년 인력을 효과적으로 활용하기 위해 추진할 수 있는 정책이나 전략에는 어떤 것이 있을지 토론해 봅시다.

2부

케냐 사람들의 이모저모

하쿠나 마타타!
걱정하지 말고 긍정적으로 살아가라!

케냐에서 10년 동안 커피 사업을 하면서 다양한 이벤트를 진행하고 여러 행사에 참여할 일이 많았다. 처음에는 한국에서 일하던 방식 그대로 한 시간 단위로 프로그램을 짜고 동선을 세세히 계획하고 참가자 수를 예측해 선물을 준비하는 등 철저히 준비했다. 하지만 몇 번의 행사를 치르고 나서야 깨달았다. 케냐에서 열리는 행사는 절대 제시간에 시작되지 않으며 계획대로 진행되는 일이 거의 없다는 사실을.

귀빈들이 한두 시간 늦게 오는 것은 예사이고 배달받기로 한 홍보물이나 제품은 온갖 이유를 대며 제때 도착하지 않는다. 시도 때도 없이 전기가 나가고 행사 운영을 맡은 직원들은 미리 짜둔 동선대로 움직이지 않는다. 그런데 그 혼란스러운

● 언제나 밝은 케냐 사람들

상황에서 여기저기 뛰어다니며 조급해하고 화를 내는 사람은 오직 나뿐이었다. 나만 분주한 가운데 케냐 사람들은 모두 여유롭게 웃으며 각자 나름대로 행사를 즐기고 있었다. 심지어 행사 진행 직원들조차 "하쿠나 마타타!"를 외치며 흥분한 나를 달래 주곤 했다.

그렇게 우여곡절 끝에 행사를 마치고 나면 여기저기서 엄청난 칭찬 세례가 쏟아져 나를 한 번 더 당황스럽게 만들었다.

"이렇게 멋진 행사는 처음이에요."

"모든 게 놀라울 정도로 완벽했어요."

"이렇게 준비가 잘되고 체계적인 행사는 처음 봐요."

직원끼리도 서로 칭찬을 주고받고 행사가 멋지게 끝났다며 축하했다. 처음에는 그런 모습이 답답하고 이해되지 않았다.

'아니 이게 잘된 행사라고? 왜 이렇게 사람들이 대책 없이 긍정적이고 행복하기만 한 거야? 이러니 발전이 없는 거지.'

하지만 시간이 지나면서 알게 되었다. 이런 여유와 긍정적인 마음가짐, 상대를 배려하며 현재를 즐길 줄 아는 태도야말로 케냐 사람들의 가장 큰 매력이라는 것을. '하쿠나 마타타'는 스와힐리어로 '문제가 없다'라는 뜻이다. 이 말에는 케냐 사람들이 인생의 작은 스트레스나 문제를 대하는 태도가 고스란히 담겨 있다. 그들은 어려운 상황에서도 낙천적이고 긍정적인 태도를 유지하고 평온을 유지할 줄 안다. 친구나 가족이 힘든 일을 겪을 때 "하쿠나 마타타"라고 건네며 위로하고 상대의 실수도 관대하게 받아들인다. 갈등이 생겨도 지나치게 반응하기보다 긍정적인 방향으로 넘길 줄 아는 사람들이다.

"빨리빨리!"를 외치며 온종일 바쁘게 뛰어다니던 내게 케냐 친구들은 종종 말했다.

"뽈레 뽈레, 하쿠나 마타타.(천천히 천천히, 괜찮아, 아무 문제 없어.)"

그들과 함께 일하다 보면 정말로 많은 일이 '아무 문제도 아닌 것'이 되어버리곤 했다.

2017년 세계경제포럼은 케냐를 아프리카에서 가장 우수한 교육 시스템을 갖춘 나라로 평가했다. 2018년 세계은행 또한 케냐를 교육 성과가 가장 높은 국가로 선정하며 아프리카 대륙의 대표적인 교육 강국으로 인정했다. 그렇다면 케냐가 어떻게 다른 아프리카 국가들보다 교육 분야에서 한발 앞서 나가게 되었을까?

식민지 시대부터 이어진 교육의 뿌리

케냐의 현대식 교육 제도는 영국 식민지 시절 선교사들이 세운 학교에서 시작되었다. 1848년 몸바사 지역에 '프레레타운 학교*Freretown School*'가 세워지며 케냐의 첫 번째 학교가 문을 열었다. 1900년대 초반까지 여러 선교 학교가 잇따라 설립되면서 현대 교육의 기반이 마련되었다. 그러나 당시 학교에서는 유럽인과 인도인 학생만 정규 학문 교육을 받았고 케냐 학생들은 읽기와 쓰기, 농업 같은 실용 기술만 배울 수 있었다. 이 불평등한 구조에 반발한 케냐 지식인들은 1920년대 케냐인이 운영하는 학교를 만들자는 목표로 '키쿠유 독립학교 운동*Kikuyu Independent Schools Movement*'을 일으켰다. 이 운동을 통해 60개 이상의 학교가 세워졌으며 그 중심인물 중 한 명이 훗날 케냐의 초대 대통령 조모 케냐타였다.

대통령이 된 조모 케냐타는 교육의 중요성을 누구보다 잘 알고 있었다. 그는 초등학교 무상 교육 제도를 도입하고 중등 교육 기관을 확충하는 등 다양한 정책을 추진했다.

그 뒤를 이은 다니엘 아랍 모이*Daniel arap Moi* 대통령도 교사 출신으로 케냐 최대 교사 노조를 설립하고 독립 이전에는 교육부 장관으로 활동했다. 대통령 재임 중 그는 '냐요 밀크*Nyayo Milk* 운동'을 통해 초등학생들에게 무료 우유를 배급했는데 이 정책은 출석률을 크게 높인 대표적인 복지 정책으로 평가된다.

이처럼 케냐 정부는 독립 이후 교육을 국가 발전의 핵심 전략으로 삼고 꾸준히 제도를 발전시켜 왔다. 시행착오도 있었지만 지속적인 개혁을 거쳐 오늘날 케냐는 아프리카에서 가장 뛰어난 교육 시스템을 갖춘 나라로 자리 잡았다.

케냐의 새로운 교육 시스템

2017년 케냐는 32년 만에 대대적인 교육 개혁을 단행했다. 기존의 8-4-4 시스템(초등 8년, 중고등 4년, 대학 4년)에서 2-6-6-3 시스템(유아 2년, 초등 6년, 중고등 6년, 대학 3년)으로 전환했다. 이 새로운 제도는 'CBC*Competency-Based Curriculum*(역량 기반 교육 과정)'라고 불린다.

CBC 교육 과정은 학생의 개인적인 역량과 흥미, 진로에 맞춘 학습을 목표로 하며 실생활과 연결된 교육을 통해 문제 해결력과 창의력을 기르도록 설계되었다. 또한 단순한 지필 시험이 아닌 관찰, 프로젝트, 발표 등 다양한 평가 방식을 도입해

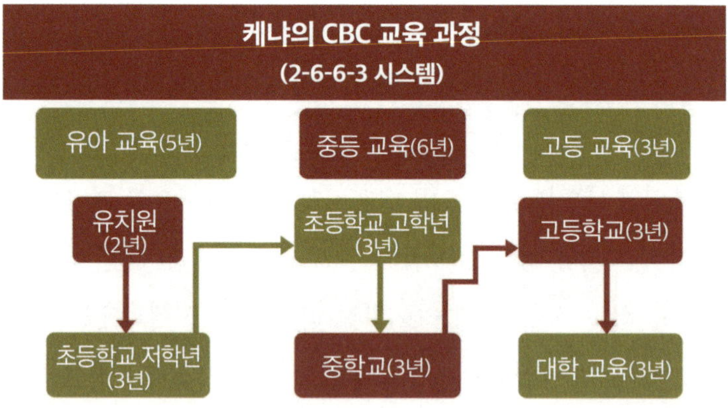

전인적 성장과 실용 능력을 함께 중시한다.

그러나 도입 8년이 지난 2025년 CBC 교육 과정에 대한 교사, 학생, 학부모들의 반응은 대체로 부정적이다. 한 반에 100명 이상 몰리는 과밀 학급, 교재와 교구의 부족, 교사 역량의 미비 등으로 인해 학생 맞춤형 수업이 제대로 이루어지지 못하고 있다. 이로 인해 CBC 교육 과정의 실효성에 대한 논란은 여전히 계속되고 있다.

케냐 부모들의 뜨거운 교육열

11월이 되면 케냐에서는 'KCPE(중학교 입학시험)'와 'KCSE(고등학교 입학시험)'가 치러진다. 한국의 수능 때처럼 케냐 전국이 입시 분위기에 휩싸이며 시험 결과는 라디오 방송이나 문자 메시지로 실시간 공개된다.

케냐에서도 교육은 사회적 지위와 경제적 성공을 좌우하는 핵심 수단으로 여겨진다. 그만큼 부모들의 교육열은 뜨겁다. 가난한 형편 속에서도 수입이 조금만 늘면 자녀들을 사립학교에 보내려 하고 사립학교 학생들의 성적은 공립학교보다 훨씬 높게 나타난다.

중산층 이상의 가정에서는 집중적인 학습 환경을 위해 '기숙사 학교*Boarding Schools*'를 선호한다. KCPE와 KCSE 상위권

● 케냐의 공립 초등학교

을 차지하는 학교들은 대부분 기숙사 학교로 입학 경쟁률이 매우 높다. 최상류층 자녀들이 다니는 국제 사립학교들은 영국, 독일, 프랑스, 미국식 커리큘럼을 따르며 수영, 승마, 하키, 럭비 같은 스포츠 수업과 다양한 예술 교육도 함께 제공한다. 이들 학교의 연간 수업료는 2,000만 원을 훌쩍 넘는 수준이다.

종교, 경제 수준에 따라 학교를 선택할 수 있는 나라

케냐에서는 종교적 신념과 가치를 중시하는 학부모들이 자녀를 기독교, 이슬람, 힌두교 등 특정 종교 단체에서 운영하는

● 기독교계 사립학교인 세인트 메리 스쿨　● 이슬람계 사립학교인 자미아 하이스쿨

사립학교에 보내기도 한다. 이러한 종교 기반 사립학교는 전국에 수백 개가 운영되고 있다. 이들 학교는 종교 시설의 지원을 받아 비교적 소규모 학급으로 운영되고 종교적 가르침을 결합한 양질의 교육 과정을 제공한다.

케냐의 부모들은 소득 수준과 종교적 배경 등 다양한 요소를 고려해 자녀의 교육 방식을 자유롭게 선택할 수 있다. 특히 나이로비는 국제적 수준의 교육 환경을 갖추고 있어 동아프리카 여러 나라에서 자녀 교육을 위해 이민을 오거나 아이들만 따로 유학을 보내는 경우도 적지 않다.

하지만 부모의 소득에 따른 교육 접근성의 차이는 가난의 대물림을 초래할 수 있다는 비판도 많다. 저소득층 가정의 아이들은 교육 기회가 제한되어 고등 교육 진학이 어렵다. 이러한 불평등이 빈부 격차를 심화시키는 주요 원인으로 지적되고 있다.

> 뛰어난 교육 제도 그러나 막혀 있는 취업의 문

뛰어난 교육 제도를 갖춘 케냐이지만 청년 실업 문제는 심각한 수준이다. 케냐 통계청에 따르면 18~34세 청년 중 약 40%가 실업 상태에 있는 것으로 추정된다. 청년들은 열심히 공부해 좋은 대학에 들어가면 밝은 미래가 열릴 것이라 기대하지만 졸업 후 현실의 벽에 좌절한다.

나이로비대학교와 케냐타대학교 같은 명문대 인기 학과(의학, 약학, 경제학, 재무, 법률, 회계, 공학 등)의 졸업생들조차 사정은 크게 다르지 않다. 2023년 초 한 명문대 의과대학 졸업생이 인턴 과정을 마친 뒤 정식 직장을 구하지 못한 좌절감과 학자금

대출 부담으로 스스로 생을 마감한 사건은 케냐 사회에 큰 충격을 주었다.

현재 케냐에는 4,000명이 넘는 실업 상태의 의사들이 있다고 하니 다른 전공의 졸업생들이 겪는 취업난은 더욱 심각할 것으로 짐작된다.

구조적 한계가 만든 청년 실업의 악순환

케냐의 청년 실업 문제는 근본적으로 경제 구조의 한계에서 비롯된다. 케냐 경제는 주로 농업, 관광, 소규모 제조업에 의존하고 있으며 이들 산업은 대부분 저부가 가치 일자리 중심으로 구성되어 있다. 농업 부문은 임금이 낮고 고용 안정성이 떨어지며, 관광 산업의 일자리 또한 서비스직 위주여서 고학력 청년들에게 적합하지 않다. 제조업 또한 첨단 기술과 연구 개발 투자가 부족해 청년층이 기대할 만한 일자리를 충분히 제공하지 못하고 있다.

여기에 만연한 부패도 청년 실업을 악화시키는 주요 요인이다. 좋은 직장을 얻기 위해서는 반드시 인맥이나 뇌물이 필요하다는 인식이 널리 퍼져 있어 능력 있는 청년들조차 공정한 경쟁에 대한 기대를 잃고 대학 진학이나 경력 쌓기를 포기하기도 한다. 이로 인해 상당수의 유능한 청년들은 더 나은 기

● 길거리에서 일용직 일자리를 찾는 청년들

회를 찾아 해외로 이주하거나 전공과 무관한 소규모 자영업에 나서고 있다.

기술 교육으로 돌파구를 찾는 정부의 노력

청년 실업 문제를 해결하기 위해 케냐 정부는 대학 진학보다는 기술 중심 교육을 장려하고 있다. TVET*Technical and Vocational Education and Training* 센터는 산업화와 기술 발전에 필요한 중간 기술 인력을 양성하는 기관으로 학생들이 실무 기술을 배워 졸업 후 바로 일을 시작할 수 있도록 돕는다.

현재 케냐에는 2,400개가 넘는 공인된 TVET 기관이 있으며 농업, 제빵, 식음료 서비스, 목공, 용접, 맞춤 제작, 배관, 석조, 공장 운영, 자동차 및 전기 공학 등 다양한 분야의 교육이 이루어진다. 정부는 이러한 기술 교육을 통해 고용 가능성을 높이고 청년 실업을 해결하며 장기적으로 산업, 기술 부문을 발전시키겠다는 목표를 세우고 있다.

서민들의 고된 출퇴근길과 팍팍한 현실

나이로비의 아침은 유난히 길다. 도시 외곽에 거주하는 수

많은 시민이 캄캄한 새벽부터 하루를 시작하기 때문이다. 교통비를 아끼기 위해 매일 걸어서 한 시간 거리에 있는 버스 정류장에서 버스를 타고 다시 한 시간 넘게 출근하는 것은 케냐 서민들에게는 일상이다. 높은 주택 가격으로 직장 근처에 살 수 없는 노동자들의 긴 출퇴근은 그들의 삶을 더욱 고되게 만든다.

케냐의 비숙련 노동자들은 평균 8만 원 남짓한 수입으로 한 달을 살아가야 한다. 숙련된 기술자나 경력직 노동자라 하더라도 월급이 25~35만 원 수준에 불과하다. 경찰관, 교사와 같은 공무원들조차 평균 월급이 35만 원 정도로 기본적인 생활비와 주거비, 자녀 교육비를 감당하기에는 턱없이 부족하다.

기업체 직원이나 고위직 공무원, 대학 교수, 국제기구 직원 등 중산층의 경우에도 월 소득이 50~200만 원 정도지만 넉넉한 생활을 누리기 어렵다. 생필품 가격, 교통비, 교육비는 해마다 급등하고 주택 가격은 이미 감당할 수 없는 수준으로 치솟았기 때문이다. 나이로비 시내의 방 세 개짜리 아파트 월세는 100만 원을 훌쩍 넘고 도시 외곽이라도 10~15만 원 선이다. 서민들의 수입 중 주거비가 차지하는 비율이 상상을 초월할 정도로 높다.

경제 불안정과 가파른 물가 상승 속에서 케냐의 많은 노동자가 기본적인 생활을 유지하기조차 어렵게 살아가고 있다. 그런데도 그들은 긍정적인 마음을 잃지 않는다. 매일 새벽어둠 속에서 별빛을 바라보며 하루를 시작하는 그들의 모습은 케냐 사람들의 강인한 생명력과 낙관적인 삶의 태도를 잘 보여 준다.

케냐의 화폐와 경제

화려한 색깔의 케냐 실링

케냐의 공식 화폐는 '케냐 실링KES'으로 케냐 중앙은행이 발행한다. 화폐 단위는 1, 5, 10, 20 실링 동전과 50, 100, 200, 500, 1000 실링 지폐가 있다.

2019년 케냐 중앙은행은 국가의 정체성과 지속 가능한 발전의 메시지를 담은 새로운 디자인의 지폐를 선보였다. 모든 지폐 앞면에는 케냐타 국제회의센터와 평화를 상징하는 비둘기가 그려져 있으며 지폐마다 케냐를 상징하는 다양한 이미지가 그려져 있다.

50실링에는 풍력, 화력, 지열 발전 등 친환경 에너지를 상

● 케냐의 화폐

징하는 이미지, 100실링에는 옥수수, 차, 가축 등 농업 관련 이미지, 200실링에는 의료, 교육, 마라톤 등 사회 서비스 관련 이미지, 500실링에는 해변, 국립공원, 야생 동물 등 관광 산업을 상징하는 이미지, 1000실링 지폐 뒷면에는 국회의사당이 그려져 있다.

지폐의 마지막 숫자 0 안에는 버펄로, 표범, 코뿔소, 사자, 코끼리 등 빅 파이브로 불리는 야생 동물이 숨어 있어 마치 숨은 그림찾기처럼 찾는 재미도 느낄 수 있다.

케냐 실링은 동아프리카 지역에서 비교적 안정된 통화로 평가되지만 국제 통화 시장에서는 미국 달러USD와 유로EUR에 대해 변동성이 큰 편이다. 케냐의 주요 수출품인 차, 커피, 꽃, 곡물 등이 국제 시장의 수요와 가격 변화에 크게 영향을 받기 때문이다.

케냐는 농산물을 주로 수출하는 반면 석유, 기계류, 차량, 화학 제품 등 산업 원자재와 소비재는 대부분 수입에 의존하고 있다. 수출보다 수입이 훨씬 많아 외환 수급의 불균형이 발생하고 이는 곧 실링 가치 하락 압력으로 이어진다. 특히 국제 원유 가격이 오를 때마다 수입 비용이 급등하며 케냐 경제 전반에 부담을 준다.

2024년 기준 케냐의 무역 적자 규모는 약 1.59조 케냐 실링에 달했다. 공공 부채도 급증하여 2024년에는 11.14조 케냐 실링에 이르렀고 부채 비율이 GDP의 약 60%에 달하면서 재정 건전성에 경고 신호를 보내고 있다.

케냐 정부는 국제통화기금IMF과 같은 국제기구의 지원을 받으며 외환 위기 극복을 시도하고 있지만 국제통화기금의 재정 긴축과 경제 개혁 요구로 국민 부담이 커지고 있다. 물가와 세금 인상이 동시에 이루어지며 서민의 생활은 더욱 팍팍해지는 악순환이 이어지고 있다.

케냐 사람이라면 누구나 원하는 종교를

다양한 종교가 공존하는 나라

케냐는 다양한 민족과 문화만큼이나 종교 또한 다채롭게 공존하는 나라이다. 새벽이 오면 도시 곳곳의 모스크에서 들려오는 아잔*Adhan*이 기도 시간을 알리고, 성당과 교회에서는 종소리로 하루의 시작을 연다. 아래층 힌두교 가정에서는 매일 같은 시간에 은은한 향을 피우며 조용히 하루를 맞이한다.

케냐의 종교 분포를 보면 기독교가 약 80%(개신교 29.3%, 가톨릭 23.3%, 정교회 2.2%, 기타 기독교 종파가 13%)로 가장 많고, 이슬람교 약 11.1%, 토착 신앙 1.6%, 그 외 힌두교와 기타 종교가 공존하고 있다.

케냐 사람들은 서로 다른 신앙을 가진 이웃을 존중하고 함께 어울리는 문화를 오랫동안 이어왔다. 기독교의 부활절과 크리스마스, 이슬람의 라마단과 이드 축제, 힌두교의 디왈리까지 종교의 경계를 넘어 모두가 함께 즐기는 축제의 날이 된다. 축제 기간이면 이웃들은 종교를 초월해 음식을 나누고 함께 웃고 축하한다. 이처럼 케냐 사람들의 신앙은 각자의 정체성을 지키면서도 타인을 배척하지 않고 포용하는 열린 마음을 바탕으로 하고 있다.

기독교

"선교사들이 처음 왔을 때 그들은 성경을 가지고 있었고 우리에게는 땅이 있었다. 그들은 우리에게 눈을 감고 기도하는 법을 가르쳐 주었다. 우리가 눈을 떴을 때 땅은 그들의 것이 되어 있었고, 성경은 우리 손에 들려 있었다."

– 조모 케냐타

기독교가 케냐에 전해진 것은 약 170년 전으로 가톨릭과 개신교 선교사들이 본격적으로 활동한 19세기 말부터이다. 영국 성공회와 로마 가톨릭교회는 학교와 병원, 교회를 세워 교육과 의료를 제공하며 신앙을 널리 전파했다.

오늘날에도 교회는 예배 공간을 넘어 지역 사회의 복지와 나눔의 중심지로 자리 잡고 있다. 아이들을 위한 문화 활동 공간이자 어려운 이웃을 돕는 쉼터 역할을 한다. 케냐에서 생활하는 동안 작아진 아이 옷이나 생활용품을 이웃과 나누면 사람들은 꼭 필요한 것만 챙기고 나머지는 교회로 가져가 더 어려운 이웃에게 전달했다. 이처럼 교회는 종교적 신앙의 터전이면서 서로 돕고 살아가는 공동체의 중심이기도 하다.

크리스마스와 부활절은 케냐 사람들에게 가장 큰 명절이다. 이 시기가 되면 사람들은 2주에서 한 달 정도 휴가를 내어 고향으로 돌아가 가족과 함께 기도하고 식사를 나누며 즐겁게 지낸다.

● 1895년 설립된 아프리카 인란드 교회

케냐의 이슬람교도는 전체 인구의 약 11%를 차지하며 주로 몸바사, 말린디, 라무 등 동부 해안 지역에 집중되어 있다. 인구 비중은 적지만 이슬람 문화는 케냐 사회 전반에 깊은 영향을 미치고 있다.

이슬람의 가장 중요한 종교 의식인 라마단*Ramadan* 기간에는 해가 떠 있는 동안 금식하며 신앙심과 자제력을 키운다. 이 기간 동안 학교와 직장에서는 이슬람교도들을 배려해 금식하는 학생들은 급식을 먹지 않아도 되며 체력 소모가 큰 운동 경기나 활동에 참여하지 않아도 된다. 이는 이슬람교도들이 종교 의무를 다하면서도 학업이나 직무를 무리 없이 수행할 수 있

● 케냐의 모스크

도록 돕기 위한 사회적 배려의 표현이다.

라마단이 끝나면 이드 알-피트르*Eid al-Fitr* 축제가 열린다. 한 달간의 금식을 마친 것을 축하하는 날로 케냐에서는 국가 공휴일로 지정해 놓았다. 이슬람교도뿐만 아니라 모든 국민이 함께 축하하며 휴일을 즐긴다.

힌두교

힌두교는 19세기 말 영국 식민지 시절 인도에서 철도 건설 노동자로 이주한 사람들에 의해 케냐에 전해졌다. 이들은 사원을 세워 신앙을 이어갔으며 오늘날 이 사원들은 단순한 예배

● 케냐의 힌두 사원

장소를 넘어 힌두교도들의 문화적, 사회적 중심지 역할을 하고 있다. 힌두교도들은 다양한 축세를 통해 문화와 송교적 전통을 이어가며 다른 공동체와의 교류를 통해 케냐 사회의 다양성을 풍요롭게 하고 있다.

힌두교의 대표적인 축제 중 하나인 디왈리는 '빛의 축제'이다. 나이로비와 몸바사 등 주요 도시에서는 디왈리 축제가 성대하게 열린다. 힌두교도들은 가정과 사원을 등불로 장식하고 전통 음식을 나누며 밤하늘을 수놓는 화려한 불꽃놀이를 즐긴다. 이 기간 동안 힌두 사원에서는 빈곤층을 위한 다양한 복지 활동을 펼치며 지역 주민들과 음식을 나누고 문화를 교류하는 자리도 마련한다.

케냐에는 40여 개의 민족 집단이 있으며 민족 집단마다 고유한 토착 신앙을 갖고 있다. 이들은 자연과의 조화, 조상 숭배, 토템 신앙 등을 포함한 다양한 형태의 전통적 종교 의식을 실천하고 있다. 토착 신앙은 케냐의 문화와 전통에 깊이 뿌리내려 있으며 많은 사람이 기독교나 이슬람 신앙을 가지면서도 전통적인 신앙 관습을 유지하는 경우가 많다.

세계를 주름잡는 마라톤의 강국

염소와 양을 키우던 케냐 소년이 세계 마라톤 역사를 다시 썼다. 2023년 10월 8일 미국 시카고에서 열린 2023 시카고마라톤 대회에서 23세의 켈빈 키프텀*Kelvin Kiptum*은 42.195km 풀코스를 2시간 35초에 완주하며 세계 신기록을 세웠다. 이는 엘리우드 킵초게*Eliud Kipchoge*가 세운 이전 세계 기록을 34초나 앞당긴 기록이었다.

연속으로 세계 신기록을 세운 두 선수 모두 케냐인이라는 점에서 케냐는 명실상부한 세계 마라톤 1위 국가임이 다시 한 번 증명되었다. 케냐는 마라톤 참가자와 완주자 수에서도 세

● 마라톤 세계 신기록을 달성한 켈빈 키프텀

계 1위를 기록하며 장거리 육상에서 국제적인 경쟁력을 자랑한다. 세계 각국의 장거리 대회에서 케냐 선수들이 상위권을 휩쓰는 것은 이제 흔한 일이 되었다.

케냐에서 마라톤은 그야말로 국민 스포츠로 불릴 만큼 인기가 높다. 나이로비를 비롯한 전국 곳곳에서 마라톤 대회가 자주 열리며 전국 규모의 대회만 해도 약 20개, 지방 소규모 대회까지 합하면 매년 100개 이상의 대회가 열린다.

나이로비 도심에서는 이른 아침이나 주말에 가족이나 친구들과 함께 트랙을 달리며 아마추어 마라톤 대회를 준비하는 모습을 흔히 볼 수 있다.

케냐에서 마라톤이 발달한 이유는 지리적, 유전적, 문화적 요인과 밀접하다. 리프트 밸리 같은 고지대는 선수들이 자연스럽게 고산 지대 훈련을 할 수 있는 환경을 제공하며 이러한 환경은 지구력과 체력 향상에 유리하다. 마사이족과 칼렌진족 등 유전적으로 뛰어난 신체 능력을 지닌 민족 집단에서 마라톤 스타가 많이 배출된다.

전 세계 마라톤 선수들은 케냐에서 훈련하며 여기서 두각을 나타내는 선수들은 곧바로 세계적인 선수로 성장할 기회를 얻는다. 글로벌 기업의 스폰서와 유명 코치들의 과학적 훈련을 받으며 국제 대회에서 우승해 부와 명예를 얻은 선수들은 케냐 젊은이들의 우상이 된다.

현재 세계 각국을 오가며 마라톤 하나로 생계를 유지하는 케냐 출신 직업 선수만 해도 500여 명에 달한다. 케냐에서 마라톤은 단순한 운동이나 취미를 넘어 가족을 부양하고 미래를 보장받는 직업이기도 하다.

가장 대중적인 스포츠, 축구

케냐에서 가장 대중적인 스포츠를 꼽자면 단연 축구다. 축구가 국민 스포츠로 자리 잡은 이유 중 하나는 간단한 장비만으로 누구나 쉽게 즐길 수 있기 때문이다. 공만 있으면 어디서든 누구와든 경기를 할 수 있어 도시와 농촌 할 것 없이 매우

● 초등학교 운동장에 축구 경기를 보기 위해 모여든 아이들

● 케냐의 국가 대표팀 하람베 스타즈

인기 있는 운동이다. 어린아이부터 청소년, 성인까지 많은 사람이 축구 경기를 관람하거나 직접 경기에 참여하며 특히 젊은 세대 사이에서 인기가 높다.

케냐의 지역 사회와 학교에서도 축구는 중요한 레저 활동

중 하나다. 주말이면 전국의 초·중·고등학교 운동장에서 학교
별 축구 대항전이나 동네별, 지역별 리그가 이어진다. 특별한
오락거리가 없는 지역 주민들에게 동네 축구 경기는 큰 흥미와
즐거움을 주며 선수들의 멋진 플레이가 이어질 때면 경기장의
열기는 프리미어 리그 못지않게 뜨겁다.

비록 국제 무대에서 두드러진 성과를 내지 못하더라도 케
냐 국가 대표팀인 '하람베 스타즈*Harambee Stars*'는 케냐 축구
팬들의 큰 자부심이다. 이웃 국가들과 국가 대항 경기가 열리
는 날이면 어른과 아이 할 것 없이 삼삼오오 모여 열정적으로
응원한다.

또한 케냐에서는 영국 프리미어 리그*EPL*와 같은 해외 축구
리그에 대한 관심도 매우 높다. 주요 경기가 열리는 날이나 주
말이면 전국의 가정이나 스포츠 바에서 사람들이 모여 경기를
관람하고 자신이 응원하는 팀을 지지하며 축구 이야기를 나누
는 모습을 흔히 볼 수 있다.

이처럼 축구는 케냐 사회에서 단순한 스포츠를 넘어 지역
공동체를 하나로 묶고 사람 간의 소통과 즐거움을 돕는 중요
한 역할을 하고 있다.

친환경 에너지로 전 세계를 선도하는 케냐

    케냐가 친환경 에너지 분야에서 아프리카뿐만 아니라 전 세계적으로 주목받고 있다는 사실을 알고 있는가? 케냐는 지리적 특성과 풍부한 자연 자원을 바탕으로 지열, 풍력, 태양광 등 다양한 재생 가능 에너지를 개발하고 활용하고 있다. 이러한 친환경 에너지 개발은 경제 성장뿐만 아니라 환경 보호와 탄소 배출 감소에도 중요한 역할을 하고 있다.

지열 에너지

    케냐는 세계에서 지열 에너지를 가장 많이 사용하는 나라

● (위) 바링고 지열 발전소, (아래) 올카리아 지열 발전소

중 하나로 알려져 있다. 과거 케냐는 수력, 석유, 천연가스 같은 화석 연료에 의존해 전력을 생산했지만 도시화와 전력 수요 급증으로 만성적인 전력 부족을 겪게 되었다. 이 과정에서 지열 발전이 본격화되었으며 현재는 케냐 전력의 약 40%가 지열 에너지에서 생산된다.

　지열 발전의 성공은 독특한 지리적 조건 덕분이다. 케냐는 동아프리카 지구대에 위치해 지각 활동과 화산 활동이 활발하고 지구 내부의 열에너지가 지표 가까이 집중되어 있다. 또한 풍부한 지하수 덕분에 지열 발전에 필요한 뜨거운 증기를 얻기 쉽다.

　1981년 케냐 최초로 상업용 지열 발전을 시작한 올카리아 지열 발전소는 아프리카 최초이자 전 세계 생산량 7위 규모의 대형 발전소로 연간 약 823MW의 전기를 생산해 케냐의 전력 수급 안정에 이바지하고 있다. 일부 설치 과정은 한국의 현대 엔지니어링이 담당했으며 이는 케냐에서 거주하는 한국인들에게 자부심을 주기도 한다.

풍력 에너지

　케냐는 풍력 발전에서도 주목받는 국가다. 특히 투르카나 호수 풍력 발전 프로젝트는 아프리카 최대 규모의 풍력 발전소 중 하나로 365개의 풍력 터빈을 통해 매년 310MW의 전력을 생산하며 케냐 전체 전력 생산량의 약 15%를 차지한다.

　2018년 완공된 이 프로젝트는 전력 공급 안정성 강화와 화석 연료 의존도 감소를 목표로 하고 있으며 풍력 발전을 통해 새로운 일자리를 창출하고 지역 주민들에게 전력을 공급하여 삶의 질 향상을 기대하고 있다.

● 케냐의 풍력 발전

태양광 에너지

케냐 정부는 비전 2030 프로젝트의 일환으로 재생 가능 에너지를 통한 지속 가능한 경제 성장을 추진하고 있다. 이를 통해 외화 유출을 줄이고 경제적 자립도를 높였으며 외국인 투자 유치와 기술 협력도 활발히 이루어지고 있다.

전력 공급망이 다양화되면서 도시 지역에서는 전력 접근성이 양호했지만 농촌이나 도시 외곽 지역에서는 여전히 충분한 전기를 사용하지 못하는 인구가 많다. 이들에게 태양광 에너지는 중요한 대안이 된다.

● 엠코파 소형 태양광 패널

초기 설치 비용이 부담스러울 수 있지만 케냐 사람들은 엠코파*M-KOPA* 할부 시스템을 통해 문제를 해결했다. 개인이 집에서 사용할 소형 태양광 패널을 부담 없이 구매할 수 있도록 하고 모바일 결제 기술과 연계하여 조명이나 소형 가전제품까지 할부로 쉽게 구매할 수 있게 지원한다.

태양광 발전은 농촌 및 소외 지역에 새로운 경제적 기회를 제공한다. 시골 마을까지 전력 사용이 가능해지면서 소규모 사업체 운영이 활발해지고 농업 생산성도 향상하는 등 지역 경제 활성화에도 이바지하고 있다.

친환경 에너지의 발전? 빈번한 정전

이렇게 다양한 에너지가 보급되었다고 해서 케냐에서 항상 저렴하고 편리하게 전기를 사용할 수 있는 것은 아니다. 시도 때도 없이 발생하는 정전에 대비해 집안 곳곳에 양초나 손전등을 준비해야 하며 몇 시간 또는 며칠씩 이어지는 정전으로 냉장고 속 음식이 상하는 일도 흔하다.

친환경 에너지 분야 선두 국가인 케냐에서 정전이 빈번하게 발생하는 이유는 무엇일까?

첫째, 전력 인프라가 심각하게 노후화되어 있기 때문이다. 케냐의 전력 공급 회사인 케냐 파워*Kenya Power*는 재정적 어려움으로 전력망의 유지 보수와 업그레이드를 충분히 하지 못하고 있다.

둘째, 전력 도난 문제가 심각하다. 전국적으로 불법 전력 사용이 증가하면서 전력망에 과부하가 걸리고 이로 인해 전체 시스템에 악영향을 미쳐 정전으로 이어지는 경우가 많다.

셋째, 재생 가능 에너지 특성 때문이다. 태양광과 풍력은 날씨와 환경 조건에 크게 영향을 받는다. 기후 변화로 전력 수요와 공급 간의 불균형이 발생하면 전력 공급이 불안정해져 정진이 발생할 수 있다.

케냐 정부는 이러한 문제를 해결하기 위해 전력망 업그레이드와 송전 인프라 개선에 집중하고 있으며 에너지 저장 시스템과 분산형 전력 시스템을 도입해 전력 공급 안정성을 높이려 하고 있다. 또한 전력 도난 문제를 해결하기 위해 스마트 미터링 시스템을 도입하고 국제기구와 협력해 외국인 투자를 유지하는 등 다방면으로 해결책을 모색하는 중이다.

지난 10여 년간 나이로비는 하루가 다르게 발전했다. 글로벌 트레이드 센터, 업무용 빌딩, 호텔, 아파트 등 수많은 고층 건물이 빠르게 세워졌고 나이로비와 몸바사를 연결하는 고속 철도가 완공되었으며 나이로비 국제공항과 도심을 잇는 유료 고속 도로*Nairobi Expressway*도 개통되었다. 재정적으로 만성 적자에 시달리는 케냐에서 어떻게 이러한 대규모 인프라 프로젝트가 짧은 시간 안에 진행될 수 있었을까?

그 배경에는 중국의 일대일로*One Belt, One Road* 전략이 있다. 2013년 시작된 이 전략은 물류 및 교통 인프라를 개선하여 대륙 간의 무역과 투자를 촉진하고 국가 간 경제적 상호 의존성을 높이는 것을 목표로 하고 있다. 일대일로는 투자, 무역, 인프라

구축, 문화 교류 등 다양한 분야에서 진행되며 현재 140개 이상
의 국가와 국제기구가 참여하고 있다.

중국은 케냐를 아프리카 진출의 교두보로 삼고 특히 몸바사
항을 인도양에서 아프리카 내륙으로 연결하는 핵심 포인트로
설정했다. 2017년 7월에는 몸바사-나이로비 간 고속철도를 완
공했으며 현재는 나이로비-나이바샤-말라바 구간 철도 공사
를 진행 중이다. 이 철도가 완공되면 몸바사로 수입된 물품이
케냐뿐만 아니라 에티오피아, 남수단, 우산나, 르완다, 부룬디,
민주콩고까지 육로로 이동할 수 있는 길이 마련된다.

중국의 일대일로 프로젝트에 대한 케냐 사람들의 반응은 찬
반으로 나뉜다.

● 일대일로 프로젝트 아프리카 구간

　찬성하는 이들은 중국 투자로 케냐 경제 성장이 가속화되고 무역량 증가와 지역 경제 활성화가 기대된다고 본다. 또한, 대규모 인프라 프로젝트로 일자리 창출이 이루어지고 생활 수준이 향상되며 교통 인프라 개선으로 물류비용 절감과 경제 활동 촉진이 장기적인 경제 기반 강화로 이어질 것이라고 전망한다.

　반면 반대하는 이들은 중국 차관으로 진행되는 프로젝트가 케냐를 경제적으로 중국에 의존하게 만들고 부채 상환에 실패할 경우 주요 자산이나 인프라가 중국으로 넘어갈 위험이 있다고 우려한다. 또한, 이러한 경제적 의존이 케냐의 정치적 독립성을 약화시킬 수 있다는 걱정도 한다. 이들은 일대일로를 부채 함정 외교로 비판하며 환경 파괴나 지역 사회에 미칠 부정적인 영향도 염려한다.

케냐에 30년 이상 거주한 1세대 이민자들은 요즘 케냐가 살기 좋아졌다고 입을 모은다. 과거에는 기본적인 생필품조차 구하기 어려워 한국을 방문할 때마다 손톱깎이, 면봉, 기저귀, 플라스틱 그릇, 냄비, 화장지 등을 잔뜩 사 오곤 했으나 이제 더 이상 그럴 필요가 없다. 10년 동안 케냐에서 생활한 나 또한 최근 생활 환경이 크게 나아졌음을 실감한다. 한국에서 구할 수 있는 대부분의 물건을 케냐에서도 쉽게 구할 수 있으니 말이다.

이 변화의 중심에는 중국산 제품*Made in china*이 있다. 중국에서 생산된 다양한 상품이 케냐 시장을 채우면서 심지어 중국 공장에서 만들어진 라면, 과자, 된장, 고추장, 간장 같은 한국 식품도 손쉽게 구할 수 있다. 2023년 2월, 1만 2,000㎡ 규모의 초대형 창고형 마트 '차이나 스퀘어*China Square*'가 문을 열면서 이러한 변화는 더욱 뚜렷해졌다. 이곳에서는 생필품부터 상업 용품까지 없는 게 없을 정도로 저렴하게 제공되어 케냐 소비자들이 열광하고 있다.

그러나 부정적인 현실도 존재한다. 중국산 제품의 범람은 현지 중소 상인들의 경쟁력을 약화시키고 케냐 내수 산업에도 부정적인 영향을 미치고 있다. 저렴한 중국산 제품의 유입은 케냐 제조업체에 직접적인 타격을 주고 무역 및 판매업까

● 초대형 창고형 마트 차이나 스퀘어

● 중국 제품 불매 운동을 벌이고 있는 케냐의 젊은이

지 장악한 중국 거대 유통 회사의 등장은 소상공인 생계까지 위협하고 있다.

실제로 케냐의 대중국 무역 불균형은 심각하다. 2022년 기준 케냐는 중국에서 기계류, 전자 제품, 의류, 건설 자재, 가구 등 약 40억 달러 이상을 수입했으나 대중국 수출액은 약 1억 달러에 그쳤다. 무역 적자는 해마다 증가하며 케냐 외환 보유액 감소의 주요 원인이 되고 있다.

이러한 위협 속에서 케냐는 산업 다변화를 통해 수출 품목을 다양화하고 부가 가치가 높은 제품을 생산하며 중국과의 무역 협정을 재검토하고 공정한 무역 조건을 협상하려 노력하고 있으나 현실적으로는 쉽지 않아 보인다.

중국인들이 불러일으키는 사회적 갈등

중국 기업의 확장으로 발생한 또 다른 문제는 문화적 차이에 따른 사회적 갈등이다. 중국 기업이 케냐에 진출하면서 현지 문화와 관습을 충분히 고려하지 않은 채 접근해 지역 사회의 반발을 사는 사례가 이어지고 있다.

2018년 중국 건설 회사인 CRBC*China Road and Bridge Corporation*에서 일하던 관리자가 케냐 직원을 모욕하는 동영상이 인터넷에 퍼지며 큰 논란을 일으켰다. 동영상에서 중국 직원은 케냐 사람들을 '원숭이'라고 부르며 인종 차별적 발언을 해 전 국민의 분노를 샀다. 결국 해당 직원은 케냐에서 추방되었다.

2020년에도 나이로비의 한 중국 레스토랑에서 케냐인 출입을 금지하고 중국인만 받는 규정을 두어 논란이 발생했다. 이 사건이 언론에 보도되면서 해당 레스토랑은 당국에 의해 폐쇄되었다.

중국의 일대일로 전략과 케냐 내 중국 기업 진출은 케냐의 경제 발전과 인프라 개선에 이바지하고 있다. 그러나 동시에 현지 산업 압박, 노동 문제, 문화적 갈등 등 부정적 문제를 발생시키며 사회적 과제로 남아 있다.

케냐의 수도 나이로비 한가운데에는 아프리카에서 가장 큰 도시 슬럼 중 하나인 키베라*Kibera*가 자리하고 있다. '키베라'라는 이름은 숲이나 정글을 뜻하는 누비아어 '키브라*Kibra*'에서 유래했으며 역사는 1904년으로 거슬러 올라간다. 당시 케냐가 영국의 식민지였을 때 영국군은 자국 군대에서 복무한 누비아 군인들에게 보답으로 이 지역의 토지를 할당했다. 이것이 바로 키베라의 시작이었다.

나이로비 도심에서 남서쪽으로 약 6km 떨어진 이 슬럼은 멀리서 보면 녹슨 양철 지붕이 빼곡하게 들어서 있어 마치 거대한 고철 더미나 쓰레기가 쌓인 숲처럼 보인다.

키베라의 인구는 정확히 파악하기 어렵다. 경계 설정에 따

● 키베라 슬럼

라 35만 명에서 100만 명까지 다양한 추정치가 나온다. 유엔 해비타트의 조사에 따르면 약 4평 남짓한 작은 판잣집에 8명이 함께 거주할 정도로 인구 밀도가 매우 높다. 대부분의 주민은 하루 2달러도 벌지 못하는 극심한 빈곤 속에서 살아가며 실업률이 높고 HIV(인간 면역결핍 바이러스) 감염률은 12%에 이른다.

키베라는 오랜 역사를 지닌 불법 거주지로 상하수도 시설, 교육 시설, 의료 시설, 전력 공급 등 기본적인 도시 인프라가 크게 부족하다. 주민의 약 80%가 전기를 사용하지 못하며 대부분의 가정은 수도 시설이 없어 불법으로 설치된 수도관에서 물을 구매해야 한다. 특히 쓰레기와 오수 처리 문제가 심각하다. 많은 가정이 화장실 없이 생활하거나 간이 화장실을 여러 가구가 함께 사용해 관리가 제대로 되지 않는다. 넘쳐흐르는 오물을 처리하기 위해 동네 어린 소년들을 고용해 강에 버리는 경우도 있다.

심지어 일부 주민은 화장실 대신 집 안에서 검은 봉투에 용변을 보고 '플라잉 토일렛*flying toilet*' 방식으로 집 밖으로 던져버린다. 이로 인해 골목 곳곳에 쓰레기와 오수가 쌓여 키베라 전역은 악취로 가득할 수밖에 없다.

그렇다면 케냐 정부는 왜 키베라를 오랜 시간 방치했을까? 그 이유 중 하나는 정치적 요인이다. 키베라는 오랜 세월 특정 정치 세력의 지지 기반이었고 무리한 철거나 개발은 표 손실로 이어질 수 있어 정치인들은 소극적일 수밖에 없었다. 또한 토지 소유권 문제도 얽혀 있다. 토지 소유권은 일부 정치·경제 엘리트가 쥐고 있었지만 실제로 거주하는 사람들은 수십만 명의 가난한 세입자였다. 소유자와 세입자, 정부의 이해관계가 뒤엉킨 복잡한 구조 속에서 개발은 늘 난관에 부딪혔다.

재정적 한계 또한 무시할 수 없다. 수십만 명이 사는 거대한 슬럼을 전면 정비하는 데는 천문학적인 비용이 필요하며 한정된 국가 재정에서 우선순위가 밀릴 수밖에 없다.

마지막으로 사회적 갈등에 대한 우려도 크다. 강제 철거나 무리한 개발은 폭동이나 대규모 저항으로 이어질 위험이 있다. 주민들의 삶의 터전을 건드리는 일이기에 정부는 조심스러운

태도를 유지해 왔다. 결국 키베라는 정치, 경제, 사회적 이해관
계가 얽혀 손대기 어려운 공간으로 남게 되었나.

키베라에 희망은 없는 걸까

2009년 케냐 정부는 키베라를 재개발하고 주민 삶의 질을
향상하기 위한 대규모 프로젝트를 시작했다. 낙후된 환경을
개선하고 고층 아파트 단지를 건설하여 현대적 도시로 변모시
키는 것이 목표였다. 그러나 정부의 의지는 실현되지 못했다.

주민들은 재개발 계획에 강하게 반발했고 땅 소유주와 임차
인 간 갈등, 다양한 민족과 종교 집단 간 이해관계 충돌 등으로
사업 추진은 난항을 겪었다. 단순히 주민들을 강제로 이주시키
는 재개발은 인권 침해 비판에도 직면했다.

그럼에도 정부는 국제 사회의 지원을 받아 키베라 개선 사
업을 지속적으로 추진하고 있다. 유엔 해비타트, 국경 없는 의
사회, 아프리카 의료 연구 재단 등 국제기구들은 의료 지원, 교
육 프로그램, 기반 시설 개선 등을 통해 주민 삶의 질 향상을
위해 노력하고 있다.

2023년 윌리엄 루토*William Ruto* 대통령은 키베라를 10년 안
에 슬럼에서 벗어나게 하겠다는 포부를 밝히며 5년 내 25만
채의 서민 주택 공급을 약속했다. 이는 개선 사업에 새로운 전

기를 마련할 것으로 기대되지만 공약을 현실화할 수 있을지는 지켜봐야 한다.

빈곤의 상품화, '키베라 1일 투어 50달러!'

세계 3대 슬럼 중 하나인 나이로비 키베라를 방문해 보세요!

50달러를 내면 악취가 가득한 배설물이 채워진 검은 비닐봉지가 날아다니고 온갖 쓰레기가 어지럽게 널린 흙길을 따라 빽빽하게 들어선 녹슨 양철 판잣집 사이를 걸으며 그 속에 살고 있는 수십만 명의 사람들의 비참한 삶을 엿볼 수 있습니다. 국가에서 공인된 전문 가이드가 안전하게 안내해 드립니다.

'빈곤 상품화' 또는 '빈곤 관광'은 가난한 사람들의 삶을 관광 상품화해 경제적 이익을 창출하는 현상이다. 안타깝게도 키베라에서는 정부 공인 아래 빈곤 관광이 버젓이 이루어지고 있다. 정부는 수익이 슬럼 환경 개선에 쓰인다고 주장하지만 실제로 대부분은 여행사와 가이드의 주머니로 들어가고 주민들의 삶에는 거의 변화가 없다. 키베라 주민들의 고통은 돈이 되는 '볼거리'로 전락한 것이다.

투어에 참가한 관광객들은 현지 경찰 보호 아래 가이드를 따라 키베라를 걷는다. 낯선 환경을 처음 마주한 관광객들은

● 키베라 빈곤 관광

호기심과 동정심이 뒤섞인 눈빛으로 마을을 둘러보고 어떤 이
는 카메라로 주민들을 촬영하거나 과자나 현금을 아이들에게
건네기도 한다. 이러한 반복적인 경험 속에 주민들은 점차 '사
람'이 아닌 '구경거리'로 전락한다.

그러나 키베라 투어가 단순히 가난 체험이 아닌 그 안에 담
긴 역사와 구조적 문제를 배우고 작은 변화에 동참할 수 있는
경험이 된다면 어떨까? 주민들이 관광의 대상이 아닌 주체로
참여해 프로그램을 함께 만들고 운영할 수 있다면 관광객들
은 단순한 호기심이나 동정의 시선이 아닌 주민들의 삶을 실
질적으로 이해하고 함께 변화를 만들어가는 경험을 할 수 있
을 것이다.

단도라, 쓰레기 더미 위에서 피어난 희망의 꽃

나이로비 도심의 번잡함을 조금 벗어난 곳에 단도라*Dandora*라는 마을이 있다. 원래는 저소득층을 위한 주택 개발 프로젝트로 시작되었지만 시간이 흐르며 대규모 쓰레기 매립지가 들어서고 인구 과밀이 심화되면서 결국 거대한 슬럼으로 변해 버렸다.

현재 단도라에는 나이로비 전역에서 매일 1,200톤이 넘는 쓰레기가 쏟아져 들어온다. 아무런 처리 없이 쌓여만 가는 쓰레기 더미에서는 악취가 진동하고 오염된 물이 흘러내리며 벌레와 해충이 들끓는다. 전기나 상하수도도 제대로 갖추지 못한 이곳에서 주민들은 높은 범죄율과 갱단의 위협 속에서 하루하루를 버텨 내고 있다.

처음 단도라를 찾았을 때의 충격은 지금도 잊을 수가 없다. 마을 입구에 닿기도 전부터 악취가 느껴졌다. 쓰레기 산은 수평선 너머까지 끝없이 이어져 있었고 4~5층 높이로 쌓인 쓰레기 더미에서 쓸 만한 물건을 뒤지던 어린아이들의 모습은 현실이라고 믿기 어려웠다. 숨쉬기조차 힘든 환경에서 수십만 명이 일상을 살아가고 있다는 사실은 큰 충격이었다.

초등학생 교육 프로그램 지원 후보지를 찾던 중 친구의 소개로 단도라의 한 초등학교를 방문했다. 아이들의 교육 환경을 살펴보고 도움을

● 단도라 슬럼 쓰레기 매립장

● 단도라 지역의 희망, 아이들

줄 수 있는 방법을 알아보기 위해서였다. 학교 교실과 운동장은 쓰레기 냄새로 가득했고 복도에는 알 수 없는 오물과 파리 떼가 뒤섞여 있었다. 교실 안에는 100명이 넘는 아이들이 빼곡히 앉아 수업에 집중하고 있었다. 이렇게 열악한 환경에서도 열심히 공부하는 아이들의 모습은 또 한 번 나를 놀라게 했다.

나를 안내해 준 친구 역시 단도라에서 태어나 자란 청년이었다. 그는 힘든 환경 속에서도 학업을 마치고 대학을 졸업해 지금은 중산층의 삶을 살아가고 있었다. 그는 자신이 학업을 마칠 수 있었던 것이 수많은 사람의 도움 덕분이라고 말하며 자신도 반드시 다른 아이들을 돕고 싶다고 했다. 친구의 눈빛은 교실 속 아이들만큼이나 반짝였고 그 속에는 절망이 아닌 희망이 담겨 있었다.

단도라에 사는 아이들도 세상의 다른 아이들처럼 충분한 가능성을 가지고 있다. 다만 그 가능성이 현실로 꽃피우려면 조금 더 많은 관심과 지속적인 지원이 필요할 뿐이다. 우리가 손을 내밀어 작은 기회를 만들어 준다면 이 아이들 역시 자신이 꿈꾸던 삶을 스스로 만들어 나갈 힘을 갖게 될 것이다.

함께 생각하고 토론하기

케냐는 지열, 태양광, 풍력 등 친환경 에너지를 적극 도입하여 에너지 자립을 실현하고 있으며 환경 보호와 경제 성장을 동시에 추구하고 있습니다. 우리나라 역시 기후 변화 대응과 지속 가능한 발전을 위해 친환경 에너지 확대가 중요한 과제로 떠오르고 있습니다. 하지만 우리나라는 좁은 국토, 늘어나는 에너지 수요, 경제 구조적 특성 등으로 인해 친환경 에너지를 도입하는 데 있어 여러 도전 과제에 직면해 있습니다.

● 케냐와 우리나라의 에너지 상황과 정책을 비교해 볼 때 각각의 국가가 직면한 친환경 에너지 도입의 기회와 어려움은 무엇인지 알아봅시다. 각국이 성공적으로 친환경 에너지를 확대하기 위해 고려해야 할 정책적, 경제적, 사회적 요소는 무엇인지 논술해 봅시다.

●● 친환경 에너지 확대가 경제 성장과 일자리 창출에 어떤 영향을 줄 수 있는지 알아보고, 환경 보호와 경제 성장을 동시에 달성하기 위해 국가와 기업, 시민 사회가 어떤 역할을 해야 하는지 토론해 봅시다.

케냐의 대표적인 슬럼 지역 키베라와 단도라는 수도 나이로비에 위치하며 각각 아프리카 최대 및 주요 빈민가 중 하나로 알려져 있습니다. 이 지역 주민들은 열악한 주거 환경, 높은 빈곤율, 범죄 문제 그리고 교육과 의료 서비스 부족 등으로 심각한 어려움을 겪고 있습니다. 정부와 국제 사회가 지원을 제공하고 있지만 그 효과가 충분하지 않거나 지속 가능하지 않다는 지적도 제기되고 있습니다.

● 키베라와 단도라 같은 슬럼 지역에서 발생하는 문제들의 주요 원인은 무엇일까요? 정부, 시민 사회, 국제기구가 협력하여 문제를 개선하기 위해 어떤 접근과 전략을 활용할 수 있을지 토론해 봅시다.

●● 현재 제공되고 있는 지원이 충분하지 않거나 지속 가능하지 않은 이유에 대해 생각해 보고, 효과적이고 지속 가능한 지원 방안은 무엇인지 정책적, 사회적, 경제적 측면에서 논술해 봅시다.

3부

역사로 보는
케냐

하람베!
함께 노력하자!

　지금의 동아프리카 즉 케냐, 에티오피아, 탄자니아 지역은 인류의 기원과 초기 진화를 이해하는 데 매우 중요한 지역이다. 이곳에서는 초기 인류의 흔적이 다수 발견되어 종종 '인류의 요람'이라고 불린다. 고고학에 관심이 많지 않은 사람이라도 오스트랄로피테쿠스라는 이름을 한 번쯤은 들어 봤을 것이다. 약 400만~300만 년 전에 살았던 오스트랄로피테쿠스 아파렌시스의 두뇌 크기와 외형은 침팬지와 비슷했지만 두 발로 걷는 능력을 지닌 최초의 인류 중 하나로 알려져 있다.

　케냐에서는 이와 유사한 초기 인류의 화석을 비롯해 다양한 고인류 유적이 발견되었다. 오래된 돌 도구와 석기 시대의 여러 유물도 함께 출토되면서 케냐는 인류의 탄생과 진화의 비

● 최초의 직립 보행을 한 호모 에렉투스의 복원도

밀을 밝히는 데 중요한 지역으로 주목받고 있다.

현생 인류의 '아프리카 기원설'은 현재 가장 널리 받아들여지는 이론으로 인류가 아프리카에서 출현한 뒤 호모 사피엔스로 진화하고 그 후손들이 세계 각지로 퍼져 나갔다는 내용을 담고 있다. 이 이론은 여러 유전학적 자료에 의해 뒷받침되고 있다.

투르카나 소년의 발견

1984년 케냐의 투르카나 호수 지역에서 약 160만 년 전의 것으로 추정되는 완전한 인류 화석이 발견되었다. '투르카나 소년Turkana Boy'이라 불리는 이 유골은 불을 사용하고 복잡한 도구를 만들었던 호모 에렉투스의 것이었다.

케냐는 아프리카 어느 나라보다도 많은 인류 화석이 발견된 곳으로 그레이트 리프트 밸리와 서부 케냐 전역에는 다수의 선사 시대 유적지가 분포한다. 현재 케냐 국립박물관에는 약 35만 점 이상의 화석이 소장되어 있으며 그중 700점 이상이 고대 인류의 것으로 알려져 있다. 이러한 유물들은 케냐가 인류의 기원을 연구하는 데 핵심적인 지역임을 보여 준다.

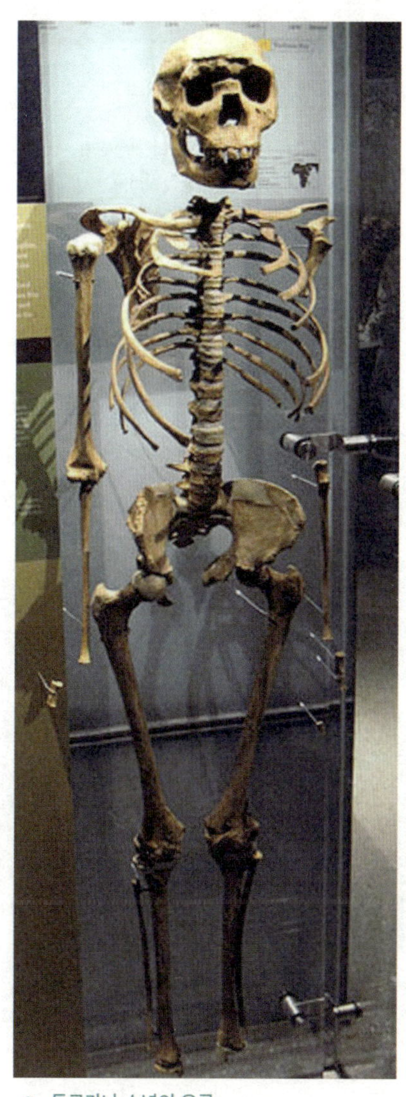

● 투르카나 소년의 유골

인류의 기원, 그 비밀을 연 루이스 리키 가문

루이스 리키

루이스 리키*Louis Leakey*는 케냐에서 영국인 선교사 부모 사이에서 태어났다. 어린 시절 케냐의 광활한 초원을 누비며 자란 그는 책이 아닌 자연과 대지로부터 인류의 기원에 대한 깊은 질문을 품었다.

1931년 영국 케임브리지대학에서 박사 학위를 받은 그는 인류의 진화가 아프리카에서 시작되었다는 찰스 다윈*Charles Darwin*의 이론을 증명하기 위해 고향 케냐로 돌아왔다. 당시 주류 학계는 찰스 다윈의 주장에

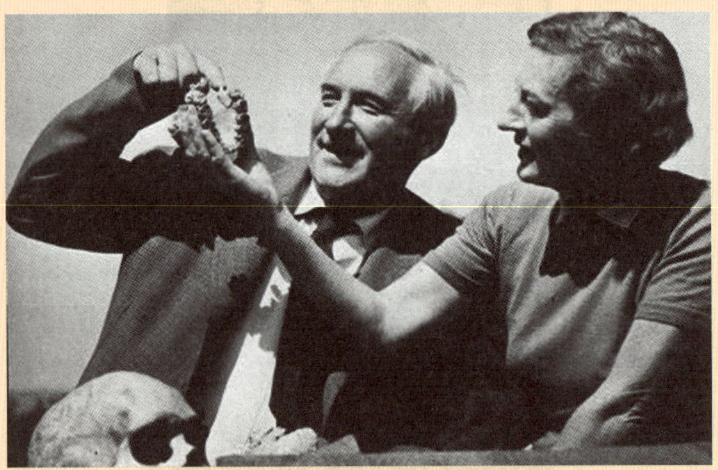

● 루이스-메리 리키 부부

회의적이었고 그의 도전은 무모해 보이기도 했다.

그러나 루이스 리키는 굴하지 않았다. 그는 평생을 바쳐 인류의 잃어버린 시간을 되찾기 위해 올두바이 계곡과 주변 지역을 발굴했다. 마침내 오래된 인류 화석과 도구들이 하나둘 모습을 드러냈다.

이 발견들은 단순히 찰스 다윈의 이론을 뒷받침하는 것을 넘어 인류 역사의 교과서 자체를 새로 쓰게 했다. 루이스 리키는 인류의 요람이 바로 아프리카라는 사실을 세상에 입증하며 고고학과 인류학의 새로운 장을 열었다.

리처드 리키

루이스 리키의 아들인 리처드 리키*Richard Leakey*는 정식 학위 없이 부모의 영향을 받아 독학으로 인류학자의 길을 걸었다. 그는 아버지의 연

● 우후루 케냐타 대통령(오른쪽)과 함께 상아 더미 앞에 선 리처드 리키

구를 이어받아 케냐 투르카나 호수 유역에서 '투르카나 소년'으로 불리는 호모 에렉투스의 거의 완전한 전신 골격 화석을 발굴해 세계를 놀라게 했다.

그의 연구는 인류가 도구를 사용하고 직립 보행을 했다는 중요한 증거를 제시했으며 인류의 진화 과정을 밝히는 데 결정적인 역할을 했다.

고고학자로서의 연구를 마친 뒤에도 리처드 리키는 케냐에 머물며 야생 동물 보호에 앞장섰다. 케냐 야생동물보호국 국장으로 취임한 그는 코끼리 상아 밀렵과의 전쟁을 선포하고 나이로비 국립공원에서 압수한 12톤의 상아를 불태우는 상징적인 행사를 열어 전 세계의 주목을 받았다. 이후에도 환경 보호와 동물 보전에 헌신하며 인류학뿐 아니라 생태계 보호 분야에서도 큰 발자취를 남겼다.

미브 리키와 루이즈 리키

리처드 리키의 아내인 미브 리키*Meave Leakey*는 고고학자이자 고생물학자로 리키 가문의 전통을 이어 인류학 연구에 크게 이바지했다.

그의 딸 루이즈 리키*Louis Leakey*는 3대에 걸친 리키 가문의 연구를 계승하고 있으며 현재 투르카나 분지 연구소*Turkana Basin Institute*의 책임자로서 현대 기술을 접목한 인류학 연구를 이끌고 있다.

이처럼 리키 가문은 세대를 거쳐 인류의 기원을 밝히는 데 큰 역할을 해 왔으며 케냐를 인류학 연구의 중심지로 만드는 데 결정적으로 이바지했다.

코이산족에서 시작된 케냐의 역사

케냐가 오늘날의 국명을 갖기까지 이 지역에는 수많은 민족이 이주하고 정착하며 서로 부딪히고 교류하면서 문화를 형성해 왔다. 연구에 따르면 기원전 8000년 무렵부터 케냐 지역에 처음 살았던 사람들은 코이산족 계열의 수렵 채집민이었다.

그들은 활과 화살로 사냥하고 돌도끼와 같은 단순한 도구를 사용하며 소규모 공동체를 이루고 평화롭게 살아갔다. 물과 먹을거리를 찾아 유목 생활을 했으며 환경에 대한 적응력이 뛰어났다고 전해진다.

그러나 기원전 3000년경부터 쿠시족, 반투족, 나일로틱족이 차례로 유입되면서 코이산족은 점차 거주지를 잃고 인구가 급격히 줄었다. 오늘날에는 케냐 서쪽 고산 지대에 극소수의 코이산족 후손들이 남아 있다.

쿠시족은 기원전 3000년경 에티오피아와 소말리아 지역에서 더 비옥한 땅과 나은 환경을 찾아 동아프리카로 이주해 왔다. 그들은 케냐 북동부에 정착하여 낙타를 비롯한 가축을 기르며 유목 생활을 시작했다. 쿠시족은 사막과 초원을 가로지르며 내륙 부족들과 활발히 교류했고 낙타를 이용한 장거리 무역으로 생계를 이어갔다.

이후 일부는 케냐 고원과 해안 지역으로 이동해 금, 상아 등 귀중한 자원을 거래하며 국제 무역에 참여했다. 그들은 페르시아, 인도, 아라비아 상인들과 교류하며 동아프리카 해안에서 상업적, 문화적 영향력을 넓혔고 이러한 교류는 훗날 스와힐리 문화 형성에 큰 영향을 주었다.

쿠시족은 동아프리카 무역 네트워크의 중심에 있었으며 이를 통해 해안과 내륙의 경제, 문화 발전에 크게 이바지했다. 현재도 그들의 후손은 케냐 북동부 여러 지역에서 살고 있다.

기원전 3000년경 서아프리카에 살던 반투족은 중앙아프리카를 거쳐 동쪽으로 대이동을 시작했다. 이들은 콩고 분지의 울창한 열대 우림을 지나 동아프리카의 사바나와 고원 지대를 거쳐 기원후 500년 무렵 케냐에 도달했다.

반투족의 대이동은 농업 기술의 발전과 밀접한 관련이 있었다. 그들은 철기 문화를 도입해 농업을 혁신하고 철제 도구를 사용해 경작지에서 더 많은 곡식을 생산할 수 있었다. 생산량 증가는 인구 급증으로 이어졌고 새로운 농경지를 찾기 위한 이동이 계속되었다.

케냐 중부와 남부에 정착한 반투족은 철제 도구로 농업 생산성을 높였으며 철제 무기로 군사력을 강화했다. 이를 바탕으로 강력한 왕이 등장하고 중앙 집권적인 정치 체제가 발전했다. 당시 반투족의 여러 왕국은 작은 제국처럼 성장하며 정치적, 군사적 영향력을 넓혔다. 경제와 사회가 안정되고 무역도 활발해지면서 반투족은 동아프리카의 문화적, 경제적 구조를 크게 바꿔 놓았다.

오늘날까지노 케냐의 주류를 이루는 집단으로 키쿠유족, 루야족, 캄바족 등이 반투족의 후손이다. 반투어는 훗날 스와힐리어의 기반이 되어 동아프리카 여러 지역의 공용어로 자리 잡았다.

기원후 1000년경부터 쿠시족과 반투족의 뒤를 이어 나일로틱족이 나일강 유역을 떠나 케냐로 이주하기 시작했다. 이들의 이동은 단순히 새로운 땅을 찾기 위한 것이 아니라 기후 변화와 질병, 민족 집단 간 세력 확장 등 복합적 요인에 따른 것이었다.

그들은 물과 목초지를 찾아 케냐 서부와 북부로 이동하며 목축 중심의 유목 생활을 이어 갔다. 가축은 그들 삶의 중심이었고 초원을 따라 이동하며 유목 생활을 유지했다.

오늘날 케냐의 루오족, 마사이족, 투르카나족이 나일로틱족의 후손으로 알려져 있다.

아랍 상인과 스와힐리 문명의 탄생

1세기경 동아프리카 해안에는 몸바사, 라무, 킬와 같은 작은 항구 도시들이 하나둘 생겨나기 시작했다. 이때부터 뛰어난 항해술을 지닌 아랍, 페르시아, 인도 상인들이 이곳을 오가며 아프리카와 아시아를 잇는 해상 무역망을 구축했다.

4~7세기 무렵 수많은 아랍인이 인도양을 건너 커다란 삼각 돛을 단 배(다우)에 보석, 진주, 향신료 같은 값진 물건을 가득 싣고 아프리카 대륙으로 향했다. 10월~3월 사이 불어오는 북동 몬순(계절풍)은 인도양에서 아프리카 해안으로 향하는 항해를 도왔고, 4월~9월 사이 남서풍이 불면 이들은 아프리카에서

● 초기 해상 무역에 사용되었던 배 다우

얻은 금, 상아, 곡물 등을 싣고 본국으로 돌아갔다.

아랍인들은 탁월한 해양 기술을 바탕으로 새로운 항로를 개척하고 무역을 확대하며 막대한 부를 축적했다. 10세기 이후 동아프리카 해안은 아프리카, 아랍, 페르시아, 인도, 유럽 상인들이 활발히 교류하는 국제 무역의 중심지로 변모했다.

특히 무역을 위해 또는 종교적 분쟁과 정치적 갈등을 피해 많은 아랍인이 몸바사와 라무 등지로 이주해 정착했다. 이들은 현지 반투인들과 결혼하며 가족을 이루었고 음식, 예술, 생활 양식이 서로 뒤섞이면서 독특한 지역 문화를 만들어 냈다. 이 과정에서 아랍어와 반투계 언어가 융합되어 '스와힐리어'라는 새로운 언어가 탄생했다.

12~13세기에 이르러 각 도시는 술탄(이슬람 세계의 세습 군주)을 중심으로 통치되며 스와힐리 문명을 꽃피웠다. 그러나 이 눈부신 번영은 동아프리카의 자연과 수많은 사람의 희생을 통해 이루어진 것이었다. 상아에 대한 폭발적인 수요는 수많은 코끼리를 멸종 위기로 몰아넣었고 잔혹한 노예 무역은 수많은 아프리카인의 삶을 앗아갔다. 그들은 짐승처럼 상품화되어 아라비아, 페르시아, 인도 등지로 팔려 나갔다.

무자비한 인간 사냥 노예 무역의 시작

동아프리카 해안의 노예 무역은 7세기경 아랍 상인들에 의해 시작되었다. 처음에는 주요 상품이 아니었지만 시간이 지나며 각국에서 노예 수요가 급증하면서 본격화되었다. 아랍 상인들은 카라반을 조직해 내륙 깊숙이 들어가 사람들을 포획하거나 전쟁 포로를 사들였고 이들을 해안 도시로 데려와 노예로 팔았다.

남자 노예는 주로 농업과 군사 목적으로, 여자 노예는 가사 노동이나 하렘(궁정 여성 공간)에 보내졌다. 내륙 지역에서는 금 채굴이나 상아 채집 등 고된 노동에 동원되었다.

케냐 지역에서의 노예 무역은 민족 집단 간 갈등을 심화시켰다. 니암웨지족은 아랍 상인들과 손잡고 다른 민족 집단을

● 데이비드 리빙스턴의 스케치와 보고서를 바탕으로 1866년에 출판된 책에 실린 판화

공격해 포로를 잡아 팔았고 그 대가로 무기와 물자를 공급받으며 세력을 확장했다. 반면, 피해를 당한 민족 집단은 젊은이들을 잃고 노동력이 고갈되어 농업과 목축이 무너졌고 기근과 사회 불안이 심화되었다. 민족 집단 간 신뢰는 완전히 무너졌다.

이러한 분열은 외부 세력의 개입을 불러왔다. 아랍 상인들은 더 많은 이익을 위해 민족 집단 간의 분쟁을 부추겼고 19세기 후반 유럽 열강은 '노예 무역을 종식하겠다'라는 명분으로 동아프리카에 진출했다. 결국 영국과 독일이 케냐를 포함한 동아프리카 지역을 식민지로 삼으며 아프리카의 식민 지배 시대가 시작되었다.

1498년 유럽에서 인도로 가는 새로운 항로를 개척하던 포르투갈의 탐험가 바스쿠 다 가마*Vasco da Gama*가 몸바사항에 도착했다. 당시 몸바사는 아랍 상인들의 무역 거점으로 번성하던 도시였다. 그 전략적 가치와 지리적 중요성을 간파한 포르투갈은 3년 뒤 19척의 함대를 이끌고 다시 돌아왔다.

그들은 대포와 잘 훈련된 군사력을 앞세워 해안의 여러 스와힐리 도시 국가들을 차례로 점령했다. 1510년경 포르투갈은 강력한 무력을 바탕으로 도시들을 정복하고 무거운 세금과 혹독한 통치를 강요하며 약 200년 동안 이 지역을 지배했다.

1593년 포르투갈은 몸바사에 예수 요새*Fort Jesus*를 세워 군사 거점이자 감옥으로 삼고 이 지역에 대한 잔혹한 통치를 이어갔다.

그러나 유럽의 작은 나라 포르투갈이 이 광대한 해안 도시들을 지배하는 것은 절대 쉽지 않았다. 본국은 충분한 병력이나 행정 인력을 보내지 않았고 파견된 관리들은 주민들을 착취하며 부정부패를 일삼았다. 특히 이슬람이 깊이 뿌리내린 지역에 강제로 교회를 세우고 가톨릭을 강요하면서 현지 주민들의 적대감과 혐오감은 극에 달했다. 포르투갈의 무역 통제로 인해 이전의 번영을 잃고 빈곤해진 주민들의 불만은 폭발 직전에 이르렀다.

● 몸바사 예수 요새

포르투갈의 굴욕적인 지배에 시달리던 술탄들은 결국 오만과 예멘 등 아랍 국가들에 도움을 요청했다. 1698년 포르투갈의 지배력이 약해진 틈을 타 오만 제국의 이맘 사이프 빈 술탄 *Imam Saif bin sultan*이 대규모 원정대를 파견했고 포르투갈은 동아프리카 해안에서 완전히 철수했다. 이로써 해상 무역의 주도권은 포르투갈에서 다시 아랍 세력으로 넘어갔으며 오만은 19세기 말까지 이 지역에서 막대한 영향력을 행사했다.

하지만 새로운 지배자 오만은 또 다른 비극의 서막을 열었다. 오만의 통치 아래 있던 동아프리카 해상 도시들은 곧 노예 무역의 중심지로 변모했다. 오만은 향신료와 사탕수수, 코코넛을 재배하기 위해 거대한 플랜테이션 농장을 운영하며 노예 무역을 급속히 확대했다. 수십만 명의 아프리카인이 노예로 잡혀 아라비아, 페르시아, 인도 등으로 팔려 나갔고 동아프리카 해안은 다시 피와 눈물의 역사를 겪게 되었다.

유럽 열강과 베를린 회의

17~18세기 동아프리카 해안의 해상권 다툼은 결국 오만 제국의 지배로 일단락되었다. 그러나 19세기에 들어서며 아프리카 대륙은 새로운 위기에 직면했다. 산업혁명의 성공으로 유럽의 공장들은 생산량이 급증했고 이에 따라 방대한 원료와 새로운 소비 시장이 필요해지자 유럽 열강은 아프리카로 눈을 돌렸다. 이때부터 아프리카는 더 이상 '미지의 땅'이 아니라 '무한한 자원의 창고'로 인식되었다. 유럽인들은 고무, 금, 다이아몬드, 코코아 등 공장에 필요한 원료를 무제한으로 확보하고 생산품을 판매할 시장을 열기 위해 무력으로 아프리카를 점령해 나갔다.

그러나 아프리카를 차지하려는 유럽 열강 간 경쟁이 격화되면서 충돌이 불가피해졌고 1884~1885년 독일 베를린에서 이를 조정하기 위한 베를린 회의가 열렸다. 회의에 참여한 14개 유럽 국가는 아프리카 지도 위에 국경선을 그으며 아프리카인들의 의사와는 무관하게 식민지를 나누어 가졌다. 또한 아프리카 분할과 영유권 주장에 관한 규칙을 정했다.

유럽 열강은 문명화, 노예 무역 근절, 기독교 전파라는 인도주의적 명분을 내세웠지만 실제 목적은 경제적 착취와 패권 장악이었다. 베를린 회의에서 획정된 국경선은 지리적 특성이나 종족, 민족 집단 간의 경계를 무시한 채 그어졌고 이는 오늘날까지도 아프리카 각국의 분쟁과 불안정의 근원이 되고 있다.

영국의 식민 지배와 분열된 케냐

　베를린 회의 결과 동아프리카는 영국, 독일, 프랑스 등 여러 유럽 국가 사이에서 분할되었고 케냐 지역을 포함한 대부분이 영국의 손에 들어갔다. 영국은 인도와의 무역과 아프리카 내부로의 접근성을 확보하기 위해 동아프리카 해안 지역을 식민지화하고자 했으며 이 과정에서 케냐는 중요한 요충지였다.

　1887년 영국은 동아프리카회사를 설립하여 케냐와 해안 지역, 내륙의 무역 통로를 통제하기 시작했다. 1895년 케냐 지역을 영국령 동아프리카 보호령으로 선포하며 공식적인 지배권을 행사했다. 보호령이라는 명칭은 현지 술탄들과 협정을 맺어 간접 지배를 실행하는 의미였지만 사실상 영국이 실질적인 지배력을 행사한 시점이었다.

군사적, 경제적 수단을 동원해 케냐에 대한 통제력을 강화하던 영국은 1920년 케냐를 공식적으로 '영국 케냐 식민지'로 선언하고 직접 통치를 시작했다. 영국의 케냐 식민 통치는 단순히 군사적, 경제적 정복만으로 단기간에 이루어진 것은 아니었다.

영국의 초기 식민 통치 시기 선교사들은 케냐에 기독교를 전파하며 아프리카 문명화라는 명목으로 식민 정책을 정당화하는 역할을 했다. 교육과 의료 시스템을 도입해 일정 부분 긍정적인 영향을 미치기도 했지만 동시에 영국 정부와 협력하며 케냐의 정치, 사회 구조를 변화시키고 식민주의 이데올로기를 확산하는 역할도 수행했다.

케냐 내 다양한 민족 집단 간 갈등은 영국의 식민 지배를 강화하는 데 중요한 수단이 되었다. 영국은 특정 민족 집단을 지원하거나 갈등을 부추겨 민족 집단들이 단결해 저항하지 못하도록 교묘히 이용했다. 대표적으로 키쿠유족과 마사이족은 식민 통치 과정에서 서로 다른 입장을 취했다. 전통적으로 강력한 군사력을 가진 마사이족은 초기에는 영국과 협력하며 군사적 지원을 제공했고 그 대가로 영국은 마사이족 지도자들에게 일정 자치권을 보장하며 보호를 약속했다. 영국은 이를 통해 키쿠유족을 견제하고 식민지 통치를 공고히 할 수 있었다.

영국은 식민 통치 초기부터 몸바사와 우간다를 연결하는 철도 건설을 시작했다. 우간다 철도는 1896년 몸바사에서 시작되어 1901년 빅토리아 호수 동쪽 해안의 키수무에 도착했으며 총 길이는 1,060km에 달했다. 예상 비용이 500만 파운드를 넘어 당시로서는 매우 큰 프로젝트였기에 영국 의회와 언

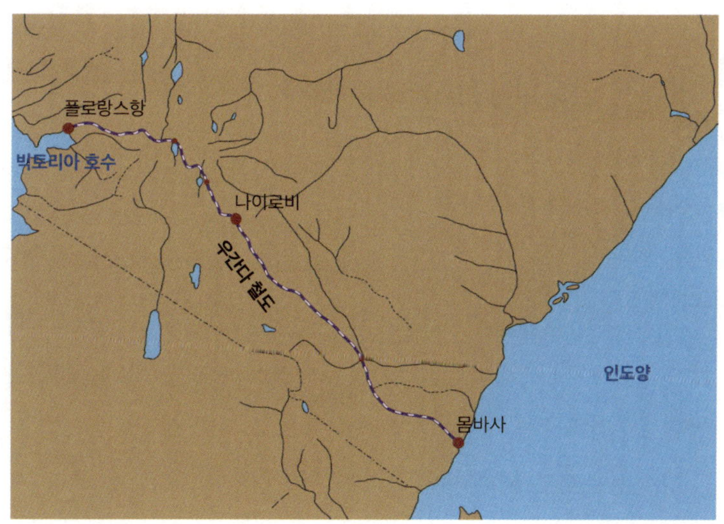

● 우간다 철도 경로

론에서는 과도한 비용과 비현실적인 계획이라는 비판이 제기되기도 했다.

철도 건설 과정에서 가뭄, 질병, 사막화, 원주민과의 갈등 등 여러 문제가 발생하며 많은 희생자가 나왔지만 영국은 내륙에서 생산된 커피, 차, 면화 등의 농산물을 수출하기 위해 철도를 포기하지 않았다. 철도는 영국이 케냐와 우간다 지역을 효과적으로 통치하고 군사적 통제력을 강화하는 중요한 수단이 되었다.

토지 몰수와 원주민 억압

영국은 케냐 고지대의 비옥한 농지를 몰수하여 유럽인 정착민에게 분배했다. 원주민들은 토지를 잃고 빈곤에 시달리며 생존을 위해 유럽인 농장에서 저임금 노동을 해야 했다. 많은 경우 강제 노동까지 요구되었다.

또한, 케냐인들은 철도 건설과 같은 대규모 프로젝트에 값싼 노동자로 동원되었다. 영국은 토지 몰수에 더해 무거운 세금을 부과해 원주민들이 유럽인 농장에서 일할 수밖에 없도록 했다. 그 결과 많은 원주민이 경제적으로 극한 상황에 놓였다.

정치적으로도 원주민은 철저히 억압받았다. 행정과 정치 구조는 유럽인이 독점했고 원주민은 의사 결정 과정에서 배제되었다. 독립을 요구하거나 식민 정책에 반대하는 지도자들은 투옥되거나 탄압받았다.

인종 차별 또한 심각했다. 유럽인은 최상위 계층으로 자리 잡았고 원주민은 낮은 사회적 지위에 머물렀다. 유럽인이 사용하는 학교나 병원 등 고급 공공시설은 원주민에게는 접근조차 허용되지 않았다. 이러한 차별은 사회적, 경제적 불평등을 심화시켰다. 영국은 또한 식민지 통치를 유지하기 위해 '분할 통치' 전략을 사용했고 민족 집단 간 갈등을 부추겨 저항을 약화시켰다.

영국의 억압과 착취에 맞서 케냐 원주민들은 여러 차례 반란을 일으켰다. 영국의 강력한 군사력에 진압되었지만 이러한 저항은 케냐 독립의 초석이 되었다.

마우마우 운동

마우마우 운동은 영국 식민 지배에 저항하여 일어난 중요한 역사적 사건으로 1952년부터 1960년까지 이어진 케냐의 독립 운동이다. 케냐 사람들은 오랫동안 영국의 토지 점령, 인권 침해, 과도한 세금 부과 등에 불만을 품고 있었다. 특히 제1차 세계대전 이후 동아프리카 식민지에 정착해 오는 유럽 백인의 수가 점점 늘어나면서 원주민들의 비옥한 땅을 차지하기 시작하자 원주민들의 불만은 극에 달했다. 1930~1940년대에 땅을 빼앗긴 지역 사회에서 저항은 더욱 거세어졌고 이는 다양한 민족주의 운동으로 번져 마우마우 운동으로 이어졌다.

주로 키쿠유족으로 구성된 반식민지 무장 단체 마우마우는 '땅과 자유'라는 슬로건 아래 결성되어 지역 사회의 빠른 지지를 얻었다. 게릴라들은 영국 정부와 식민 통치부의 시선을 피해 정부 기관과 경찰, 유럽인 이민자들을 공격했다.

영국은 반란에 참여하거나 지원한 혐의가 있는 사람들을 체포해 강제 수용소에 가두었다. 수용소에서는 고문, 강제 노동, 영양실조, 비인도적 대우가 일상적으로 이루어졌다. 전기 고문, 구타, 성적 학대, 물고문 등 다양한 방식이 동원되었다. 또한 많은 키쿠유족 마을을 강제로 이주시켜 임시 수용 구역에 몰아넣었고 약 10만 명 이상의 원주민이 구금되었으며 수천 명이 사망하기도 했다.

마우마우 운동으로 인한 희생은 컸지만 영국군에게 직접적 피해를 주지는 못했다. 마우마우 운동이 직접적으로 케냐의 독립을 이끌었는가 하는 부분에 대해서는 의견이 분분하지만 이 운동은 식민 지배에 맞선 케냐 사람들의 자주적 투쟁의 역사로 널리 기억된다.

케냐 아프리카연합

케냐 아프리카연합*Kenya African Union, KAU*은 1944년 설립된 정치 조직으로 케냐의 독립을 평화적인 방법으로 추구했다. 케

● 케냐의 무장 독립 단체 마우마우 대원들이 잡혀 온 모습

냐 아프리카연합은 민족적 자부심을 고취하고 식민 정부에 맞서 권리를 요구하는 목소리를 높이는 활동을 전개했다. 케냐 아프리카연합의 대표 지도자 조모 케냐타는 교육과 정치 참여의 중요성을 강조하며 독립 열망을 확산시켰다. 그는 평화적인 협상과 교섭으로 독립을 추구했으나 마우마우 운동 이후 반군을 지지했다는 혐의로 투옥되었다.

케냐 아프리카민족연합

1960년에 결성된 케냐 아프리카민족연합*Kenya African National Union, KANU*은 독립운동의 새로운 물결을 이끌었다. 케냐 아프리카민족연합은 키쿠유족, 루오족, 루히야족, 칼렌진족 등 주요 민족 집단을 통합하여 독립을 요구했고 식민 통치 종식과 독립 후 정치, 경제 권리 확보를 목표로 영국과 협상하는 데 중요한 역할을 했다. 1963년 케냐 독립 이후 케냐 아프리카민족연합은 집권당이 되었다.

케냐 독립을 위한 여성의 역할, 메리 무토니 냔지루

1922년 3월 14일 독립운동가 해리 티토*Harry Tito*가 영국 식민 정부에 체포되자 나이로비에서 그의 석방을 요구하는 항의 시위가 일어났다. 해리 티토는 동아프리카협회*East African Association, EAA*의 지도자로 식민 정부의 억압적 정책에 맞서 싸우던 주요 인물이었기에 그의 체포는 케냐 사람들 사이에서 큰 분노를 불러일으켰다. 당시 시위는 주로 남성이 주도했으나 영국 당국의 무력 대응을 두려워해 행동을 주저했다.

● 메리 무토니 난지루

이때 메리 무토니 난지루*Mary Muthoni Nyanjiru*는 시위 선두에 서서 옷을 벗고 가슴을 드러내며 남성들을 자극했다. "남자들은 내 치마를 입고 집에나 있어!"

그녀의 행동은 남성 중심의 케냐 사회에 수치심을 주었고 이에 각성한 대규모 시위대가 경찰서로 몰려가면서 시위는 걷잡을 수 없이 커졌다. 안타깝게도 영국의 폭력적 진압으로 약 25명이 사망하고 수십 명이 다쳤다. 메리 무토니 난지루 또한 이 과정에서 목숨을 잃었지만 그녀의 용감한 저항은 케냐 독립운동에서 여성의 중요한 역할을 상징하게 되었다. 그녀의 용기 있는 행동은 많은 케냐 여성에게 영감을 주었고 독립을 향한 저항의 상징으로 존경받고 있다.

식민 지배에 대한 영국의 사과

2013년 영국 정부는 케냐 식민 지배 시절 마우마우 반란 진압 과정에서 저지른 폭력과 고문에 대해 공식적으로 사과하고 5,000명 이상의 고문 생존자에게 약 2,000만 파운드(약 330억 원)를 보상하기로 했다. 이는 케냐 독립운동 중 벌어진 인권 침해에 대한 영국의 첫 공식적 인정이었다. 당시 외무부 장관 윌리엄 헤이그*William Hague*는 "과거의 인권 침해에 깊이 후회한다"라고 말했다.

그로부터 10년 후인 2023년 찰스 3세*Charles Windsor* 국왕은 케냐 독립 60주년을 기념하는 공식 일정에 참가하기 위해 케냐를 방문했다. 그는 윌리엄 루토 케냐 대통령과의 만찬에서 과거 영국의 식민 통치 시절 저질러진 폭력과 인권 침해에 대해 '가장 깊은 유감'을 표명했다. 윌리엄 루토 대통령은 찰스 3세의 발언을 "불편한 진실을 직면하는 용기 있는 행동"이라고 평가했지만 아직 "완전한 배상이 이루어지지 않았다"라고 지적하며 영국과의 관계 개선을 위해 더 많은 조치가 필요하다고 언급했다.

현재 케냐와 영국의 관계는 역사적 상처에도 불구하고 비교적 우호적이다. 영국은 케냐의 주요 무역 상대이며 양국은 군사적, 경제적 협력을 이어가고 있다. 하지만 과거 식민 시절의 잔학 행위에 대한 완전한 청산과 배상을 요구하는 목소리는 여전히 남아 있다.

1963년 12월 12일 케냐는 영국으로부터 독립을 선언했고 케냐 아프리카민족연합이 주도하는 단일 정당 체제가 형성되었다. 조모 케냐타가 케냐의 첫 대통령으로 선출되며 케냐 공화국*Republic of Kenya*이 건국되었다.

케냐 건국의 아버지, 조모 케냐타

조모 케냐타는 케냐 아프리카민족연합의 지도자로 독립 이후 케냐의 초대 대통령이 되었다. 그는 취임 후 케냐의 정치적 안정과 경제 발전을 최우선 과제로 삼았으며 영국 식민 지배

● 케냐의 건국을 선포하는 조모 케냐타 대통령

의 잔재를 극복하는 데 큰 노력을 기울였다. 조모 케냐타는 농업, 광업, 인프라 구축과 국내외 투자 유치를 통해 경제 성장을 이끌었다.

● 케냐의 1대 대통령 조모 케냐타

그러나 유일 정당인 케냐 아프리카민족연합의 지도자로서 조모 케냐타는 1978년 사망할 때까지 독재적인 방식으로 국가를 운영했다. 반대 세력 억압과 인권 침해로 비난받기도 했다. 특히 키쿠유족을 중심으로 형성된 케냐 아프리카민족연합은 경제 정책과 토지 개혁을 소수 부유층에 유리하게 펼쳤으며 대다수 농민은 불이익을 받는 등 경제적 불평등을 심화시켰다.

● 케냐의 2대 대통령 다니엘 아랍 모이

2대 대통령 다니엘 아랍 모이는 1978년 조모 케냐타가 사망한 후 부통령에서 대통령으로 올랐다. 칼렌진족 출신인 그는 당시 다수였던 키쿠유족이 지배하던 정치권에서 소수 집단을 대표하는 첫 대통령이었다. 다니엘 아랍 모이의 집권은 24년간 이어졌으며 케냐 역사상 가장 긴 독재 시기로 기록된다.

그는 케냐 아프리카민족연합 중심의 일당제 체제를 강화하고 반대 세력을 해산하며 권력을 공고히 했다. 또한, 다수 집단을 정부와 정치에서 배제하는 정책으로 민족 집단 간 갈등을 심화시키기도 했다.

1980년대 중반에 들어서면서 케냐는 심각한 경제 위기와 부패 문제로 큰 어려움을 겪었다. 국민의 불만이 고조되고 국내외 압력으로 인해 1991년 다니엘 아랍 모이 정권은 다당제를 도입했다. 이는 케냐 정치의 중요한 전환점이 되었고 정치적 경쟁과 야당 성장을 촉진했다.

1992년 12월 케냐는 역사상 처음으로 복수 정당 참여 선거를 실시했으나 농촌 지역에서는 민족 집단 간 폭력으로 수십 명이 사망하는 비극이 발생했다. 이는 정치적 이익을 노린 부패한 정치인들이 갈등을 조장한 결과였다.

다니엘 아랍 모이의 24년 집권은 케냐 정치에 큰 영향을 미쳤다. 비록 독재와 부패 문제로 많은 비판을 받았지만 다당제를 도입하고 정치적 경쟁을 부활시킨 점은 케냐 정치 발전에서 중요한 전환기로 평가된다.

민주주의의 도전과 위기 속 성장, 음와이 키바키

케냐의 3대 대통령 음와이 키바키*Mwai Kibaki* 는 정치 개혁을 추진하며 다당제 민주주의를 활성화하고 반부패와 경제 발전에 주력했다. 그의 집권기 동안 케냐 경제는 크게 성장했으나 부패 문제에서는 자유롭지 않았다.

2007년 대통령 선거에서 음와이 키바키의 재선 논란이 발생하며 야당 후보 라일라 오딩가 지지자들이 폭동을 일으켰다.

이 과정에서 케냐 내 민족 집단 간 갈등과 빈곤층의 분노가 폭발하며 선거 결과에 대한 불신이 심화되었다. 결과적으로 케냐 여러 지역에서 대규모 반정부 시위와 폭력 사태가 벌어졌고 2008년 1월 초까지 약 400명이 넘는 시민이 목숨을 잃는 참사가 발생했다. 특히 한 교회로 피신한 이들에게 군중이 불을 질러 50여 명이 몰살되는 비극도 있었다. 이로 인해 케냐는 전국적으로 큰 혼란에 빠졌다.

이 위기를 해결하기 위해 음와이 키바키는 2008년 4월 야당 지도자인 라일라 오딩가와 대연정(의회의 주요 다수 정당이 연합하여 구성하는 연합 정부)을 구성하여 폭력을 종식하고 평화를 회복하고자 했다. 그러나 대연정은 내부 논쟁과 부패 문제를 해결하는 데 실패했고 정치 개혁과 경제 개선 역시 기대만큼 진행되지 못했다. 결국 대연정은 국내외에서 신뢰를 잃으며 예상했던 성과를 거두지 못했다.

음와이 키바키 대통령의 집권기는 경제 성장과 정치적 개혁 시도라는 긍정적인 면이 있었지만 부패 문제와 민족 집단 간의 갈등으로 인한 폭력 사태로 그 빛이 바랜 시기로 평가된다.

케냐의 4대 대통령은 조모 케냐타와 그의 네 번째 부인 응기나 케냐타*Ngina Kenyatta* 사이에서 태어난 아들 우후루 케냐타*Uhuru Kenyatta*이다. 우후루 케냐타는 2013년 3월 대통령 선거에서 라일라 오딩가를 근소한 차이로 이기고 당선되었다. 그는 취임 연설에서 비전 2030 계획을 통해 경제 혁신, 케냐인의 화합, 무료 모성 양육 지원 그리고 교육 수준 향상에 힘쓸 것을 약속했다.

● 케냐의 4대 대통령 우후루 케냐타

재임 중인 2016년 5월 31일 대한민국의 박근혜 전 대통령이 케냐를 공식 방문했다. 한국 대통령으로서는 첫 번째 케냐 방문으로 양국의 경제 및 외교 협력을 강화하는 중요한 계기가 되었다.

2017년 첫 번째 임기를 마친 우후루 케냐다는 재선을 위해 라일라 오딩가와 다시 맞붙었다. 그러나 선거 후 라일라 오딩가는 선거관리위원회의 부실한 관리와 결과 조작 의혹을 제기하며 대법원에 소송을 제기했다. 2017년 8월 케냐 대법원은 선거를 무효로 판결했고 우후루 케냐타는 이를 수용하여 재선거를 치르기로 했다. 이 판결은 대통령 선거 결과가 법적으로 무효가 된 드문 사례로 케냐 대법원이 독립적이고 공정한 기관으로서 역할을 확고히 하는 중요한 계기로 평가되었다.

그러나 재선거 과정에서도 문제가 발생했다. 라일라 오딩가가 동일한 선거관리위원회가 재선거를 관리하면 부정이 반복될 것이라며 참여를 거부했다. 결국 투표율이 저조한 가운데 재선거가 진행되었고 우후루 케냐타가 대통령으로 다시 선출되었다.

우후루 케냐타의 집권기는 케냐의 경제 성장과 인프라 개선, 특히 대중교통과 에너지 분야에서 성과를 거둔 시기로 평가된다. 그러나 그의 정부 역시 부패 문제와 일부 지역 개발 부족으로 비판을 받았다.

새로운 대통령에게 새로운 희망을 걸다

2022년 9월 13일 윌리엄 루토가 케냐의 5대 대통령으로 취임하며 새로운 정치적 여정을 시작했다. 윌리엄 루토 대통령은 경제 성장, 부패 척결, 교육과 의료 서비스 개선 그리고 사회적 통합을 위한 다양한 정책을 추진하고 있다. 특히 케냐의 장기적 경제 문제를 해결하고 모든 시민이 평등한 기회를 누릴

수 있는 포용적인 사회를 만
드는 것을 목표로 삼고 있다.

케냐는 독립 이후 권위주
의적 통치에서 다당제 민주
주의로 발전해 왔으며 이를
통해 지속적인 정치 개혁과
협력이 이루어졌다. 윌리엄
루토 대통령의 취임은 이러
한 정치적 진화를 이어가는

● 케냐의 5대 대통령 윌리엄 루토

중요한 시점이며 그의 개혁이 경제적 불평등 해소와 사회적
안정 강화에 이바지할 것으로 기대된다.

이미 케냐는 여러 차례의 헌법 개혁을 통해 정치 시스템을
개선해 왔으며 앞으로도 정치적 협력과 개혁을 통해 더 발전할
가능성이 크다. 윌리엄 루토 대통령이 이끄는 새 정부는 케냐
정치에 새로운 방향을 제시하고 있으며 정책들이 성공적으로
실현된다면 케냐는 더 안정적이고 포용적인 미래를 맞이할 것
이다. 앞으로 케냐의 정치적 발전과 윌리엄 루토 대통령의 리
더십이 가져올 변화를 주목하며 지켜볼 필요가 있다.

세계 속의 케냐

　동아프리카의 심장부에 자리한 케냐는 정치, 경제, 문화 등에서 중요한 역할을 하고 있다. 특히, 동아프리카 공동체의 핵심 리더로 탄자니아, 우간다, 르완다, 부룬디, 남수단과 함께 자유 무역 협정을 체결하며 지역 통합을 이끌고 동아프리카의 경제 허브로 자리매김하고 있다.

　케냐는 지역을 넘어 국제 무대에서도 활발한 외교 활동을 펼치고 있다. 영국, 유럽 연합, 미국과의 오랜 역사적 유대를 바탕으로 정치적, 경제적 협력을 강화하고 있으며 특히 안보 분야에서 서방 국가들과 다양한 협력을 이어 나가고 있다.

　최근에는 중국과의 관계에서도 눈에 띄는 발전을 이루었다. 중국의 대규모 인프라 투자는 케냐 경제에 새로운 활력을 불어

넣고 있으며 양국 간 경제 협력은 점차 확대되고 있다.

케냐는 과거 영국의 식민 지배를 받았지만 독립 이후에도 경제적, 군사적 협력을 긴밀히 이어오고 있다. 케냐 지도자들은 영국과의 우호적인 관계가 국가의 경제적, 정치적 안정에 도움이 된다고 판단했기 때문이다.

영국은 독립 이후 특히 교육과 보건 분야에서 케냐를 지원해 왔다. 많은 케냐 학생이 영국 정부 장학금을 받아 공부한 후 귀국해 국가 발전에 이바지하고 있다. 또한, 영국의 모자 보건 프로그램과 의료 서비스 덕분에 케냐의 보건 시스템은 눈에 띄게 발전했다. 케냐와 영국은 테러리즘, 특히 알샤바브와의 전쟁에서도 긴밀히 협력하며 중요한 파트너로 자리매김했다. 이러한 협력은 단순한 과거 식민 역사를 넘어 미래를 함께 만들어 가는 동반자로서의 관계를 보여 준다.

케냐와 미국의 협력은 외교 관계에서 매우 중요한 부분이다. 케냐는 미국의 아프리카 정책에서 전략적 파트너로 군사적, 외교적 지원을 받아 왔으며 이는 케냐의 안보 강화에 큰 역할을 했다.

또한 미국 국제개발처를 통해 경제 개발, 보건, 교육 등 다양한 분야에서 꾸준한 지원을 받고 있다. 특히 보건 분야에서 미국의 지원은 에이즈 퇴치와 말라리아 예방 등 중요한 문제 해결에 큰 성과를 거두었다.

경제적 상생 파트너, 유럽 연합

케냐와 유럽 연합은 상호 보완적인 무역 관계를 통해 중요한 경제적 동반자로 자리하고 있다. 유럽 연합은 케냐의 주요 농산물 수출 시장으로 커피, 차, 꽃 등 대표 농산물이 대량 수출되고 있다. 특히 네덜란드는 케냐 꽃 산업의 최대 수입국으로 네덜란드 꽃 시장에서 케냐산 꽃이 차지하는 비중은 40% 이상에 달한다.

또한 케냐는 유럽 연합과 동아프리카 국가들이 체결한 경제 동반자 협정EPA에 참여해 관세 혜택을 누리고 있으며 이를 통해 농업과 제조업 제품의 유럽 시장 진출이 원활해지고 경쟁력이 강화되고 있다. 프랑스와 독일 등 유럽 주요 국가들은 케냐의 에너지 및 인프라 프로젝트에도 기술과 자본을 제공해 풍력 발전소, 도로, 항만 등 핵심 인프라 개발에 이바지하고 있다.

급부상하는 파트너, 중국

최근 몇 년간 중국은 케냐의 중요한 경제 파트너로 빠르게 부상했다. 일대일로 구상에 따라 중국은 케냐의 인프라 개발에 대규모 투자를 진행하고 있다. 대표적인 사례는 몸바사-나이로비 표준궤 철도 프로젝트로 중국의 자금과 기술이 투입된 케냐의 물류 인프라를 획기적으로 개선했다.

중국은 이외에도 케냐의 건설업과 에너지 산업에 깊이 관여하고 있다. 경제적 관계가 밀접해지면서 정치적 관계도 강화되었으며, 중국의 비간섭 정책은 개발 자금과 원조를 제공하면서도 인권 문제나 정치 개혁에 개입하지 않는 접근 방식으로 서방의 개입을 부담스러워했던 케냐 정부에 매력적으로 다가왔다. 이러한 협력은 케냐의 인프라 발전에 크게 이바지하고 있으며 두 나라의 관계는 점점 긴밀해지고 있다.

기술 전수와 인프라 구축을 통한 상생 발전, 대한민국

대한민국과 케냐는 1964년 수교 이후 정치, 경제, 사회 분

야에서 꾸준히 협력해 왔다. 최근에는 기술, 인프라, 에너지,
ICT 분야 협력이 강화되고 있다. 한국은 전자 정부 시스템 구
축을 지원해 케냐 행정 효율성을 높였으며 건설 및 에너지 프
로젝트에서도 기술과 자원을 제공했다. 양국은 농업, 보건, 환
경 분야에서도 지속 가능한 발전을 위한 협력 가능성을 모색
하고 있다.

함께 생각하고 토론하기

케냐와 우리나라는 각각 영국과 일본의 식민 지배를 받았으며 오랜 투쟁 끝에 독립을 쟁취했습니다. 두 나라는 서로 다른 대륙에 있지만 외세의 지배와 독립을 향한 투쟁 과정에서 공통점이 발견됩니다. 민족의 자존심을 지키고 자유를 쟁취하려는 노력에서 유사한 역사적 경험을 가지고 있는 것입니다.

식민 지배와 독립 투쟁이라는 역사적 맥락 속에서 두 나라의 경험을 비교하고 이러한 역사적 교훈을 어떻게 적용할 수 있을지에 생각해 봅시다.

● 케냐의 마우마우 운동과 우리나라의 3.1 운동 등 주요 독립 투쟁을 비교해 봅시다. 두 나라의 독립운동은 어떤 차이점과 공통점이 있을까요? 또한 무장 저항과 비폭력 저항 중 어떤 방식이 더 효과적이었는지 논의해 봅시다.

●● 식민 통치가 끝난 후 케냐와 우리나라는 어떤 문제들을 겪었을까요? 식민 통치가 두 나라의 정치, 경제, 사회 구조에 남긴 상처는 무엇이며 이를 치유하고 국가를 재건하기 위해 어떤 노력이 필요했는지 토론해 봅시다.

●●● 케냐와 우리나라 모두 독립 이후 민족주의를 바탕으로 국가를 재건했습니다. 두 나라의 정치 지도자들은 어떤 정책을 통해 나라를 이끌었는지 비교하고 오늘날 민족주의가 각국의 정치에서 어떤 의미를 갖는지 논의해 봅시다.

4부

문화로 보는 케냐

투코 파모자.

우리는 함께 있다.

스와힐리 문화

나이로비에서 동쪽으로 약 한 시간 비행하면 완전히 다른 세상이 펼쳐진다. 몸바사, 말린디, 라무 같은 케냐 해안 도시들은 내륙의 건조한 기후와 달리 덥고 습한 열대 기후를 가지고 있어 마치 다른 나라에 온 듯한 이국적인 풍경을 자아낸다.

북쪽 소말리아부터 남쪽 모잠비크까지 이어지는 '스와힐리 해안'은 오랜 역사를 지닌 지역으로 아랍, 페르시아, 인도 상인들이 인도양을 건너 아프리카 부족들과 교류하며 번성했다. 수백 년 간의 문화 교류는 독특한 '스와힐리 문화'를 탄생시켰다. 아랍 상인으로부터 전파된 이슬람 문화, 페르시아의 예술, 인도의 향신료는 아프리카의 토착 문화와 어우러져 건축물, 음식, 의복, 언어 등 다양한 형태로 나타난다.

스와힐리 건축물은 아랍에서 전해진 건축 양식과 조각을 활용해 고급스럽고 화려하다. 주로 산호석과 석회암으로 지어졌으며 높은 아치, 정교한 문 조각, 복잡한 패턴의 창문이 특징이다. 특히 라무는 스와힐리 건축이 잘 보존되어 있어 섬 전체가 유네스코 세계 문화유산으로 등재되어 있다.

스와힐리 지역의 의복은 이슬람의 영향을 강하게 받았다. 여성 의복인 칸가*kanga*는 화려한 패턴과 색상의 직사각형 천으로 허리에 두르거나 상반신을 덮거나 머리를 감싸는 스카프로 활용할 수 있다. 일상복으로도 편하게 입으며 스와힐리어 속담이나 격언이 인쇄된 경우가 많다.

남성 의복인 코피아*KOFIA*는 둥근 이슬람식 모자로 화려한 자수 장식이 특징이며 격식을 갖춘 자리에서 착용한다. 칸주 *Kanzu*는 긴 소매와 발목까지 내려오는 흰색 면 또는 비단옷으로 결혼식, 종교 의식, 장례식 등 공식적인 행사에서 주로 입는다.

현재는 서구식 의복이 일상화되었지만 중요한 행사에서는

● 스와힐리 건축 양식

● 스와힐리 여성들의 복장 칸가

● 스와힐리 남성들의 복장 코피아와 칸주

전통 의상을 착용하며 스와힐리 정체성과 전통을 존중한다.

다양한 향신료가 풍미를 더하는 스와힐리 음식

스와힐리 음식은 아랍, 인도, 페르시아, 유럽 상인들과의 오랜 교류를 통해 형성된 독특한 음식 문화이다. 스와힐리 음식의 가장 눈에 띄는 점은 다양한 향신료를 사용한다는 것이다. 인도양을 건너 아랍과 인도에서 전해진 카다멈, 정향, 커민, 계피 등 향신료가 주로 사용되어 음식에 깊고 복합적인 풍미를 더한다. 코코넛 밀크는 해산물 요리나 고기 스튜에 부드러운 맛과 고소한 풍미를 더하는 중요한 재료로 쓰인다.

해안 지역 특성상 신선한 생선, 새우, 게 등 다양한 해산물은 스와힐리 요리에서 빠질 수 없는 재료이다. 싱싱한 해산물에 코코넛 밀크와 향신료를 더해 조리하면 풍부하고 특별한 맛을

● 코코넛 밀크로 맛을 낸 생선 요리

● 다양한 해산물 요리

● 필라우

● 비리야니

자아내는 요리가 완성된다.

스와힐리 지역의 가장 유명한 쌀 요리는 '필라우Pilau'와 '비리야니Biryani'이다. 두 요리 모두 인도의 영향을 받아 스와힐리식으로 변형되었으며 향신료와 고기, 채소를 쌀과 함께 조리해 하나의 풍성한 요리로 완성된다.

필라우는 쌀을 먼저 볶아 조리하고, 비리야니는 쌀과 고기를 층층이 쌓아 냄비에 쪄서 만든다. 비리야니가 필라우보다 촉촉하고 부드러운 식감이다. 두 요리 모두 가족 모임, 결혼식, 파티 등 특별한 날에 빠지지 않고 준비되는 중요한 음식이다.

케냐의 가족 문화

전통 사회와 대가족

케냐 사람들에게 가족은 개인의 삶에서 가장 중요한 우선순위이자 자부심의 원천이다. 전통적으로 케냐의 부족 사회는 농업과 가축 사육 중심의 경제 구조를 가지고 있었으며 많은 노동력과 가족 간의 협력이 생존과 경제적 안정에 필수적이었다.

지금도 케냐에서 '가족'이라고 하면 할머니, 할아버지, 고모, 삼촌, 사촌 형제자매까지 포함한 대가족을 일컫는 경우가 많다. 자녀 양육은 대가족 전체의 책임으로 여겨지며 시골 농부가 자녀를 도시 친척에게 보내 교육을 맡기거나 도시로 이주한 맞벌이 부모가 아이를 시골 친척에게 맡기는 사례도 흔하

다. 또한 부모가 아닌 삼촌, 이모의 경제적 지원을 받으며 성장
한 아이들이 직장을 구한 뒤 친척이나 가난한 조카들을 돕는
것도 자연스러운 의무로 여겨진다.

남녀 역할과 가부장제

전통적으로 케냐 사회는 가부장적이고 남성 중심적이다. 남
자아이와 여자아이는 어릴 때부터 각자 성별에 맞는 의무와 책
임을 배우며 남녀 역할이 뚜렷하게 구분되는 환경에서 성장한
다. 결혼 후에도 아내가 남편의 의견에 도전하거나 맞서서는
안 되며 남편에게 복종해야 한다고 가르친다.

이러한 문화는 직장 생활에서도 그대로 반영된다. 아무리
화가 나는 상황이라도 여자 직원이 남자 직원에게 공개적으
로 크게 꾸짖거나 혼을 내는 일은 금기시된다. 케냐에서 사
업을 시작한 초기 이 문화를 잘 알지 못했던 나는 다른 직원
들 앞에서 실수를 저지른 남자 직원을 호되게 꾸짖었다가 주
변 사람들의 눈초리를 받은 적이 있었다. 이후로는 가능하면
남들 앞에서 남자 직원의 자존심을 상하게 하지 않도록 조심
하게 되었다.

전통적으로 남자의 주된 책임은 가족을 경제적으로 부양하
는 것이었고 집안일이나 자녀 교육에는 거의 참여하지 않았다.

가정과 아이들을 돌보는 일은 전적으로 여성의 몫이었다. 그러나 경제 발전과 도시화가 진행되면서 케냐에도 핵가족이 점점 더 보편화되고 있다. 여성의 교육 수준과 경제 활동 참여가 높아지면서 가족 내 남녀의 역할과 가족에 대한 인식 역시 크게 변화하고 있다.

변화하는 가장의 역할

● 《욕심 많은 하이에나》 표지

케냐에는 《욕심 많은 하이에나 *The Greedy Hyena*》라는 동화가 있다. 초등학교 1학년 교과서에도 실릴 만큼 잘 알려진 이 동화는 가난하고 자식이 많은 하이에나 가족에서 벌어지는 사건을 다룬 이야기이다.

동화에서 아빠 하이에나는 가족을 위해 빵을 사 오지만 가족들에게는 아주 작은 조각만 나누어 주고 나머지는 몰래 창고에 숨긴다. 가족들이 모두 잠든 후 혼자 빵을 먹으려다 목이 막혀 고생하고 결국 아내에게 발각되어 혼이 난다. 이야기는 '욕심을 부리면 벌을 받는다'라는 교훈을 전하지만 가족을 위해 희생해야 할 아버지가 이기적으로 행동한다는 점에서 다소 낯설게 느껴진다.

현대 케냐 사회에서 많은 남성이 가정과 자녀에 대한 책임을 충분히 인식하지 못하거나 이를 부담스럽게 느끼는 경향이 커졌다. 특히 경제적으로 불안정한 상황에서는 일부 남성이 가족과 함께 살면서도 경제적 지원을 충분히 제공하지 않는 경우가 늘고 있다.

맞벌이 가정에서 여성은 수입의 약 90%를 가족을 위해 사용하는 반면 남성은 30%만 사용하고 나머지는 사적으로 사용한다는 보도는 충격적이었다. 15~45세 여성 중 약 60%가 미혼모로 남편 없이 자녀를 키우고 있다는 통계도 이러한 현실을 보여 준다.

변화하는 케냐 가족 구조

남성들이 가정과 가족에 대한 경제적, 정서적 책임을 소홀히 하는 현상이 늘어나면서 케냐에서는 미혼모를 중심으로 한 새로운 가족 형태가 점점 보편화되고 있다. 많은 미혼모가 수공예품 제작이나 식료품 판매 등 소규모 사업을 시작하거나 직업 훈련을 통해 기술을 배우며 가족의 생계를 책임지고 있다. 실제로 주변에서도 어려운 상황을 극복하고 성공적인 사업가나 커뮤니티 리더로 자리 잡은 미혼모들을 볼 수 있다. 이들은 자신의 경험을 다른 미혼모들과 공유하며 희망을 전하고 협동 소합을 만들어 공동으로 사업을 운영하거나 자원을 공유하며 경제적 자립을 이루고 있었다.

그러나 이러한 가족 구조의 변화는 케냐 사회에 다양한 문제를 일으키고 있다. 특히 남성, 더 나아가 아버지의 역할이 점차 이기적이고 부정적인 이미지로 변하면서 가정 내 책임과 역할이 약화되고 있다. 이로 인해 가족 간 불평등과 갈등이 심화되고 빈곤과 사회적 불안이 함께 증가하고 있다. 케냐 남성들이 가족 내 자신의 역할과 책임을 자각하고 가족과 사회를 위해 좀 더 책임감 있게 행동하기를 바란다.

일부다처제가 법으로 보장된 나라

케냐에서 일부다처제가 법적으로 허용된 배경에는 2014년에 제정된 '혼인법'이 있다. 이 법은 다양한 종교적, 전통적 결혼 관습을 인정하며 기독교식, 이슬람식, 힌두식, 전통 혼례를 모두 법적으로 보호한다. 그중 하나로 일부다처제가 포함되었으며 이는 케냐의 전통적인 사회 구조를 반영한 결과였다.

하지만 이 법의 통과는 여성 단체와 시민 단체들의 강한 반발을 불러일으켰다. 특히 논란이 된 조항은 남성이 첫 번째 아내의 동의 없이 다른 아내를 둘 수 있도록 허용한 부분이었다. 법안 심의 과정에서 여성 의원들이 강력히 반대하며 퇴장했음에도 다수의 남성 의원에 의해 이 법안은 통과되었다.

21세기 민주주의 국가인 케냐에서 남녀 차별의 상징으로 여겨지는 일부다처제가 법적으로 허용된 이유는 케냐의 독특한 문화와 역사적 배경에서 찾을 수 있다. 일부 민족 집단과 무슬림 공동체에서는 일부다처제가 오랜 전통으로 자리 잡았다. 특히 농업과 가축 사육 중심의 경제 구조에서는 더 많은 자손과 노동력이 필요했기 때문에 여러 아내와 큰 가정을 꾸리는 것이 생존과 번영의 전략으로 여겨졌다. 많은 아내와 자녀가 있으면 더 넓은 농지를 경작하고 가축을 돌볼 수 있었기 때문이다.

또한, 케냐 인구의 약 11%를 차지하는 무슬림들이 따르는 이슬람법에서는 남성이 최대 네 명의 아내를 둘 수 있으며 실제로 그 관습을 지키는 가정이 많았다.

일부다처제가 법으로 허용된 또 다른 이유는 법적 보호의 필요성이었다. 법 제정을 통해 두 번째, 세 번째 아내와 그 자녀들도 법적 권리를 보장받을 수 있게 되었으며 상속과 재산 분배에서도 명확한 권리를 확보할 수 있게 되었다.

이 법을 둘러싼 논란은 제정 10년이 지난 지금도 여전히 뜨겁다. 국내외에서는 시대에 뒤떨어졌다는 비판이 이어지고 있지만 케냐는 오랜 전통을 존중하는 법적 체계를 유지하며 논쟁의 중심에 서 있다.

검은 대륙에 푸른 숨결을 불어넣은 왕가리 마타이

1940년 케냐의 시골에서 태어난 왕가리 마타이는 어린 시절부터 자연과 깊은 교감을 나누며 성장했다. 척박한 환경 속에서도 꿋꿋하게 살아가는 나무들을 보며 생명의 경이로움을 느꼈고 자연을 보호해야 한다는 사명감을 품게 되었다.

급격한 산림 파괴로 황폐해진 케냐의 환경을 보며 왕가리 마타이는 1977년 그린벨트 운동을 시작했다. 이 운동은 여성들을 중심으로 나무를 심고 숲을 복원하는 활동으로 단순한 환경 보호를 넘어 여성의 경제적 자립과 사회 참여를 촉진하는 계기가 되었다. 나무를 심는 일은 여성들에게 생계를 유지할 기회를 제공했으며 동시에 환경 보호에 관한 인식을 높이고 사회적 지위를 향상하는 데

● 아프리카 최초로 노벨 평화상을 수상한 왕가리 마타이

이바지했다.

　왕가리 마타이의 노력은 국제 사회의 주목을 받았고 2004년에는 노벨 평화상을 수상했다. 수상 소감에서 그녀는 환경 보호가 곧 평화를 위한 투쟁이라고 강조하며 전 세계에 감동을 주었다. 그녀는 환경 파괴가 빈곤, 질병, 갈등 등 다양한 사회 문제를 일으킨다고 주장하며 지속 가능한 발전을 위해 노력해야 한다고 강조했다.

　왕가리 마타이는 환경 운동가로서뿐만 아니라 여성 권리 신장과 민주주의 발전에도 적극적으로 참여했다. 그녀는 여성들이 사회의 주역으로서 역할을 할 수 있도록 끊임없이 노력했으며 독재 정권에 맞서 민주주의를 수호하는 데 앞장섰다.

　그녀는 어떤 어려운 상황 속에서도 "나는 내가 할 수 있는 일을 할 뿐이다."라고 말하며 항상 '희망'을 이야기했다.

　그녀의 삶과 활동은 환경 보호가 더 나은 세상을 만드는 길임을 보여 주었고 특히 케냐 여성들에게는 희망과 자립의 기회를 제공한 위대한 인물로 기억되고 있다.

춤과 음악으로 삶을 경험하다

좋은 일이 있을 때도, 힘든 일이 있을 때도, 슬픈 일이 있을 때도 케냐 사람들의 삶 속에는 언제나 음악과 춤이 함께한다. 42개의 민족 집단으로 이루어진 케냐에서 전통 음악과 춤은 예배와 의식, 오락의 형태로 세대에 걸쳐 전승되어 온 예술이 자 문화의 상징이다. 성인이 된 자녀를 축하할 때, 농사를 지을 때, 사냥의 성공을 기원할 때, 전쟁에서 승리했을 때도 춤과 음악은 항상 케냐 사람들의 일상에 존재했다.

오래전부터 구전으로 전해 내려온 전통 음악은 단순한 유 정과 리듬의 반복으로 구성되며 리더가 선창하면 전체가 따라 부르는 형식이 많다. 영혼을 울리는 듯한 아프리칸 드럼 소리 에 맞춰 여러 사람이 같은 구절을 반복하다 보면 점점 흥이 오르고 자연스레 어깨와 엉덩이가 들썩인다.

케냐의 전통 악기

케냐의 전통 음악에서 가장 자주 사용되는 악기는 아프리칸 드럼이다. 이 밖에도 피리, 하프, 플루트, 거문고 등 다양한 관악기와 현악기도 사용된다.

아프리칸 드럼의 소리는 사람의 심장 박동과 닮아 있으며 각종 행사나 의식, 치료의 목적 등 여러 상황에서 사용되었다. 예전에는 많은 민족 집단에서 오직 남성만이 아프리칸 드럼을 연주할 수 있었다고 한다.

아부*Abuu*는 루오족이 주로 사용한 관악기로 뿔피리 끝에 조롱박을 붙여 공명통을 만든다. 중요한 의식이나 오락 행사에서 연주되었다.

시와*Siwa*는 상아로 만든 관악기로 스와힐리 민족의 상징적인 악기다. 스와힐리 사람들에게 시와는 화합의 상징이자 초자연적인 힘을 지닌 존재로 여겨졌다. 현재 케냐에는 전통 시와가 단 두 개만 남아 있다고 전해진다.

니야띠띠*nyatiti*는 5~8개의 현이 달린 현악기로 사발 모양의 목재 공명통에 염소 가죽을 씌워 만든다. 부드럽고 편안한 소리를 내며 서부 케냐 전역에서 널리 사용되었다.

● 아프리칸 드럼

● 시와를 부는 노인 그림　　● 시와

● 뿔피리

● 니야띠띠　　● 아부　　● 뿔피리를 부는 주술사

뿔피리는 동물의 뿔에 구멍을 뚫어 만든 악기로 연주용뿐
아니라 부족 주술사들이 정화 의식에도 사용했다.

케냐의 전통 춤

케냐는 다양한 민족이 모여 사는 나라답게 민족 집단마다
고유한 전통 춤이 있다. 케냐의 전통 춤은 단순한 몸짓을 넘어
그들의 역사, 문화, 신앙을 표현하는 중요한 수단이다. 춤을 출
때는 민족 집단별로 고유한 의상과 악기를 사용하며 화려한 색
상의 옷과 장신구로 몸을 장식하고 아프리칸 드럼이나 현악기
등의 연주에 맞춰 흥을 돋운다.

전통 춤은 강렬한 리듬과 에너지가 특징이다. 빠르고 역동
적인 리듬에 맞춰 온몸을 활용해 격렬하게 움직이며 춤을 추
는 동안 강한 생명력을 발산한다. 또 하나의 특징은 자연과의
조화이다. 많은 춤이 동물의 움직임이나 자연 현상을 모티브
로 삼아 자연과 더불어 살아가는 케냐 사람들의 세계관을 잘
보여 준다. 춤은 개인의 표현을 넘어 공동체의 화합과 소속감
을 상징한다. 함께 춤을 추며 공동체의 일원임을 확인하고 사
회적 유대감을 강화하는 것이다.

케냐의 전통 춤은 단순히 관람만으로는 그 매력을 온전히
느낄 수 없다. 나이로비의 '보마스 오브 케냐*Bomas of Kenya*'에

● 기쿠유족의 전통 춤 은두무

● 케냐의 전통 춤을 나타낸 그림

서는 다양한 민족 집단의 전통 춤을 감상할 수 있는데 가능하
다면 음악에 맞춰 직접 함께 춤을 춰 보기를 권한다. 리듬과 에
너지를 온몸으로 느끼며 현지인들과 자연스럽게 어울리는 그
순간 케냐의 문화를 가장 깊이 이해하게 될 것이다.

전통 음악과 현대 음악의 컬래버

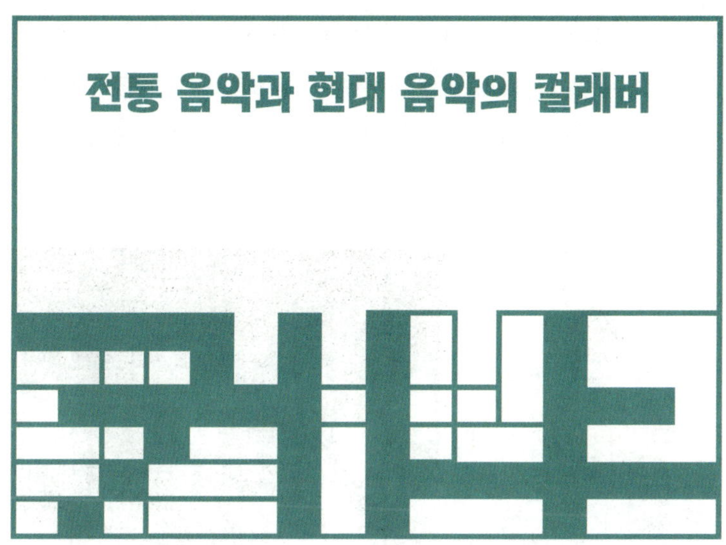

케냐의 현대 음악은 전통적인 아프리칸 리듬, 이민자들의 음악과 악기 그리고 서구 음악의 요소가 융합되어 다양하고 독창적인 형태로 발전해 왔다.

벤가 음악

벤가 음악*Benga music*은 케냐를 대표하는 음악 장르 중 하나로 1960년대 루오족 출신의 음악가들에 의해 시작되어 전국적으로 사랑받게 되었다. 기타와 드럼을 중심으로 단순한 멜로디와 반복적인 리듬을 사용하는 것이 특징이다.

케냐의 대표적인 벤가 음악가 다니엘 오위노 미시아니*Daniel Owino Misiani*는 시라티 재즈*Shirati Jazz*의 리더이자 주요 보컬로 활동하며 1960~1970년대에 케냐의 벤가 음악을 세계에 알리는 데 큰 역할을 했다.

● 다니엘 오위노 미시아니

● 타라브 음악 연주

타라브 음악

타라브 음악*Taarab Music*은 아랍, 인도, 그리스, 북아프리카 음악의 영향을 받아 형성된 독특한 스타일이다. 아랍의 전통적인 악기인 오드와 탬버린, 비올라, 플루트, 아코디언 등이 주로 사용되며 결혼식이나 특별한 행사에서 연주된다.

이 음악은 몸바사와 말린디 등 스와힐리 문화권 지역에서 시작되어 현재는 탄자니아, 우간다, 르완다, 부룬디까지도 널리 알려져 있다.

오늘날 케냐에는 다양한 장르의 음악을 선보이는 수많은 아티스트와 밴드가 활동하고 있다. 그중 일부는 전통 음악과 현대 음악을 결합해 새로운 스타일의 음악을 만들어 내고 있다.

현대적인 아프리칸 포플 밴드인 사우티 솔*sauti Sol*은 아프리카의 문화와 사회 문제를 노래하며 멜로디와 리듬 속에 아프리카 특유의 정서를 담아내어 아프리카 음악의 잠재력을 세계에 알리는 데 이바지했다.

현재 케냐 젊은 세대에게 가장 인기를 끄는 장르는 힙합과 랩이다. 많은 케냐 아티스트가 이 음악을 통해 자신들의 목소리를 내며 사회적 문제나 문화적인 주제를 표현하고 있다.

● 아프리칸 포플 밴드 사우티 솔

케냐의 음식 문화

우갈리와 수쿠마 위키 그리고 토마토 스튜

“한국 사람들은 왜 매일 아침, 점심, 저녁으로 쌀밥만 먹어? 우갈리를 먹어야 힘이 나지!”

타지에서 ‘밥심’ 하나로 버티며 삼시세끼 부지런히 쌀밥을 지어 먹던 나에게 케냐 친구가 던진 이 말은 꽤 충격적이었다. 케냐 친구들과 오랜 시간 함께 지내고 나서야 알게 되었다. 케냐 사람들은 힘든 일을 하거나 기운을 북돋아야 할 때 혹은 아플 때 쌀밥이 아닌 우갈리를 먹는다는 사실을 말이다.

우갈리는 옥수숫가루를 물에 넣고 빵 반죽처럼 되직해질 때까지 끓여 만든 케냐 사람들의 주식이다. 생김새는 백설기와 비슷하지만 한입 베어 물면 심심하고 텁텁한 맛에 다소 당황할 수 있다.

케냐 음식은 현지인의 방식대로 먹을 때 비로소 그 진가를 느낄 수 있다. 우선 우갈리를 동전만 한

● 수쿠마 위키와 토마토 스튜를 곁들인 우갈리

크기로 떼어 조물조물해 찰기를 만든다. 그다음 토마토와 양배추를 볶은 뒤 고기를 넣어 푹 끓인 쇠고기 스튜 혹은 케일과 채소를 볶아 만든 수쿠마 위키와 함께 먹어 보자. 그 맛이 정말 일품이다.

냐마초마 없는 파티는 파티가 아니지

케냐에서 사업을 하며 1년에 한 번씩 직원들과 연말 파티를 여는데 이때마다 빠지지 않는 메뉴가 있다. 바로 냐마초마 *Nyama Choma*이다. 스와힐리어로 '구운 고기'를 뜻하는 냐마초마는 특별한 축제나 행사, 가족 모임, 친구들과의 자리에서 빠질 수 없는 요리다. 주말이면 가족 단위로 냐마초마를 먹으러 바비큐 레스토랑을 찾는 것이 흔한 풍경이며 결혼식이나 생일 등 중요한 행사에서도 빠지지 않는다.

냐마초마는 주로 염소 고기나 소고기를 사용한다. 고기를 큼직하게 썰어 소금, 마늘, 생강, 레몬주스, 허브 등으로 양념해 재운 뒤 숯불이나 장작불 위에 올린다. 고기가 익기 시작하면 사람들은 불 가에 모여 이야기꽃을 피우며 냐마초마가 구워지는 냄새를 즐긴다. 고기는 자주 뒤집으며 천천히 익혀야 한다. 겉은 바삭하고 속은 촉촉하게 구워야 제대로 된 냐마초마다.

다 익은 고기는 큼직하게 썰어 소금, 케첩, 고추 소스와 함께 나누어 먹는다. 여기에 우갈리, 키에니지*Kienyeji* 야채 혹은 수쿠마 위키를 곁들이면 금상첨화다.

냐마초마는 단순한 음식이 아니라 좋은 날, 좋은 행사에서 항상 먹는 음식으로 케냐 사람들에게 특별한 의미를 지닌다.

오늘날 케냐 요리에 가장 큰 영향을 미친 음식은 인도 요리다. 이는 19세기 후반~20세기 초반 영국 식민지 시절 철도 건설을 위해 케냐로 이주한 인도 노동자들에 의해 전파되었다.

그 영향으로 인도의 차파티, 비리야니, 다양한 카레 요리 그리고 사모사 같은 튀김 음식은 케냐 사람들이 즐겨 먹는 주식이 되었다.

● 차파티

● 사모사

1년 내내 과일 천국, 케냐

케냐는 다양한 기후 조건 덕분에 1년 내내 여러 가지 과일을 저렴하게 즐길 수 있다. 그중에서도 망고는 풍부한 향과 맛, 뛰어난 품질로 손꼽힌다. 전국에서 재배되어 언제든 신선하고 맛있는 망고를 맛볼 수 있다.

● 재래시장에서 흔히 볼 수 있는 과일들

● 파인애플 농장

케냐의 기후와 토양은 아보카도 재배에도 적합하다. 케냐산 아보카도는 크림처럼 부드럽고 깊은 맛으로 유럽 시장에서 큰 인기를 얻고 있으며 일본과 중국 등 아시아로도 수출이 늘고 있다.

또한 해안 지역과 중서부 고지대에서 자라는 파인애플은 달고 즙이 많아 인기가 높다. 나이로비 근교의 티카 지역에는 세계적인 과일 가공 회사 델몬트*Del Monte*의 대규모 파인애플 농장이 있으며 이곳에서 수확한 파인애플은 캔으로 가공되어 전 세계로 수출된다.

이 외에도 바나나, 파파야, 패션프루트, 오렌지, 라임, 수박 등 다양한 과일이 연중 생산된다. 과일 가격이 1kg에 약 2,000~3,000원 정도로 저렴하며 시장이나 길거리 노점에서도 손쉽게 구할 수 있다. 케냐에 살면 집에 과일이 떨어질 날이 없을 정도로 매일 신선하고 풍성한 과일을 즐길 수 있다.

커피를 마실까? 차를 마실까?

"어떻게 한국 사람이 케냐까지 와서 커피 사업을 할 생각을 하셨어요?"

케냐에서 사업을 시작한 뒤 수도 없이 들어 본 질문이다. 나는 이 질문에 항상 이렇게 답한다.

"케냐 커피가 세계에서 제일 맛있으니까요."

세계가 사랑하는 케냐 커피

케냐 커피는 아프리카 커피 중에서도 고급스러운 산미와 꽃, 과일 향을 머금은 풍부한 아로마로 커피 애호가들에게 최

● 수확철 커피 체리

고의 커피로 손꼽힌다. 대부분 1,800m가 넘는 고산 지대의 영양분이 풍부한 화산토에서 재배되며 풍부한 강수량 덕분에 커피 체리가 천천히 익어 아라비카종 특유의 깊은 맛을 낸다. 또한 수확 후 협동조합을 중심으로 체계적으로 가공되고 보관되는 품질 관리 시스템이 잘 갖추어져 있다.

하지만 최근 들어 비정상적인 강우 패턴과 가뭄 등 기후 변화로 인해 이상적 재배 조건을 유지하기가 점점 어려워지고 있다. 이는 커피의 생산량과 품질에 직접적인 영향을 미친다. 또한 국제 커피 가격의 급격한 변동으로 농부들이 생계를 위해 다른 작물로 전환하거나 커피 재배를 줄이는 경우도 늘고 있다. 1년 동안 정성껏 재배한 커피의 가격이 예상보다 크게 하락하면 어쩔 수 없이 이런 선택을 할 수밖에 없다.

케냐 사람들은 왜 커피를 잘 안 마실까?

세계적으로 뛰어난 품질의 커피를 재배하는 케냐 사람들이지만 아이러니하게도 커피 농부들조차도 커피를 즐겨 마시지 않는다. 이는 영국 식민지 시대의 유산 때문이다. 당시 케냐 커피는 플랜테이션 농작물 중 하나로 생산되기 시작해 내수용이 아닌 수출용 수익 작물이었고 이 관행이 지금까지 이어져 오고 있다.

현재 케냐에서 생산된 커피의 대부분은 해외로 수출되며 전체 생산량의 5% 미만인 연간 1,600톤만이 국내에서 소비된다.(2021년 통계) 이마저도 최근 10여 년 사이 젊은 층을 중심으로 커피 문화가 확산하면서 소비가 늘어난 결과이다.

차이를 사랑하는 케냐 사람들

반면 케냐 사람들은 케냐식 밀크티, 차이*Chai*에 관한 사랑이 남다르다. 차 산업 역시 영국 식민지 시절 플랜테이션 농업의 형태로 시작되었다. 차 재배에 적합한 붉은 화산토, 연간

1,200~1,400mm의 강수량 그리고 연중 온화한 고지대 기후 덕분에 케냐에서는 1년 내내 차를 생산할 수 있다. 오늘날 케냐는 아프리카 최대의 차 생산국이며 가공된 홍차는 케냐의 최대 수출 품목이다.

케냐의 대표적인 차 음료는 차이로 진한 블랙티에 설탕과 우유를 넣어 달콤하고 진하게 끓여 마신다. 영국 식민지 시절 차 재배 방식과 함께 영국식의 차 문화가 전파되었고 그 영향으로 차이는 계층과 세대를 막론하고 모두가 즐기는 음료가 되었다. 영국에서 차가 아닌 커피를 즐겨 마시는 문화가 발전했다면 오늘날 케냐의 아침 풍경도 달라졌을지 모를 일이다.

케냐 사람들은 아침에 일어나 차이 한 잔으로 하루를 시작한다. 출근 후 오전 10시쯤에는 첫 번째 티타임, 점심 후에도 또 한 번의 티타임을 가진다. 이때는 동료들과 대화를 나누며 여유를 즐기는 것이 케냐 사람들의 일상이다.

차이는 단순한 음료가 아니라 사교와 환대의 상징이다. 집이나 사무실을 방문한 손님에게 차이를 내어 드리는 것은 손님을 환영하고 존중한다는 뜻이다. 따라서 케냐 친구가 차이를 권한다면 거절하지 말고 꼭 마셔 보길 바란다. 차이를 함께 마시며 나누는 대화는 친밀감과 유대감을 형성하는 시간이기 때문이다. 또한 아침 식사를 거를 수밖에 없는 가난한 사람들에게 따뜻하고 달콤한 차이 한 잔은 하루를 버티게 하는 힘이 된다.

이렇듯 케냐에서 차이는 전 국민의 필수 음료로 사랑받고 있지만 커피는 여전히 '부유층의 음료', '쓰고 비싼 사치품'으로 여기지는 인식이 강하다. 만약에 누군가 케냐 사람에게 "차를 드시겠어요? 커피를 드시겠어요?"라고 묻는다면 대부분 "차"라고 대답할 것이다.

케냐에도 음식 배달 서비스가 되나요?

도시화가 진행되면서 많은 사람이 농촌에서 도시로 이동했고 이는 케냐 사람들의 식습관에도 큰 변화를 가져왔다. 케냐 사람들의 식생활은 점차 서구화되고 있으며 특히 젊은 세대와 도시 거주자들을 중심으로 피자, 햄버거, 감자칩 같은 패스트푸드가 인기를 끌고 있다. 피자헛, 버거킹, KFC 등 글로벌 패스트푸드 체인점도 케냐 젊은 세대에게 많은 사랑을 받고 있다.

코로나19 팬데믹 당시 사회적 거리 두기와 자가격리 조치로 외출이 제한되자 케냐에서도 음식 배달 서비스 수요가 급증해 온라인 음식 배달 앱 주미아푸드*Jumia Food*, 글로보*Glovo*, 우버이츠*Uber Eats* 등이 빠르게 성장했다. 앱을 통해 소비자들은 다양한 레스토랑의 음식을 집에서 손쉽게 주문할 수 있게 되었고 위치 추적, 실시간 주문 확인, 리뷰 시스템 등을 통해 배달 서비스의 품질과 신뢰도도 높아졌다.

● 음식 배달 서비스 글로보

케냐에서는 이미 스마트폰 보급률이 높고 인터넷 사용료가 저렴했기 때문에 온라인 플랫폼 이용에 큰 어려움이 없었다. 또한 모바일 머니와 선자 결제 시스템이 일찍부터 생활화되어 있었고 오토바이 운송(보다보다) 인프라도 잘 갖추어져 있어 배달 서비스가 빠르게 확산할 수 있었다.

길 위에서 피어나는 예술, 케냐의 교통 문화

교통수단 그 이상의 의미를 지닌 마타투

케냐에는 매일 30만 대 이상의 '움직이는 예술 작품'이 누빈다. 바로 그라피티로 가득한 버스, 마타투*Matatu*를 일컫는 말이다.

마타투는 1960년대 초 나이로비에서 처음 운행된 개인 소유의 사설 버스로 '마타투'라는 단어는 기쿠유어로 '셋(타투)'을 뜻한다. 당시 요금이 30센트였는데 10센트 동전 세 개를 냈던 데서 이름이 유래했다.

1980년대 힙합 문화의 영향을 받으며 마타투는 예술가들에게 자신을 표현할 수 있는 거대한 캔버스로 변했다. 월드컵에서 독일이 우승하면 독일 축구팀의 로고와 선수가 그려진 마타

● 마타투 그라피티

투가 등장하고, 버락 오바마가 미국 대통령에 당선되었을 때는 그의 얼굴로 뒤덮인 마타투가 도로를 질주했다. 심지어 성경이나 코란의 구절이 새겨진 마타투도 흔히 볼 수 있다.

젊은 예술가들은 자신이 디자인한 마타투를 소셜 미디어에 홍보하고 팬들은 좋아하는 예술가의 그림이 있는 마타투를 찾아 시간과 노선을 확인하기도 한다. 밤이 되면 마타투는 네온사인과 조명, 뮤직비디오, 고성능 스피커에서 흘러나오는 음악으로 진동하는 움직이는 클럽으로 변신한다. 최근에는 무료 와이파이를 제공하는 마타투도 등장했다.

마타투 주인들은 자신들의 마타투를 돋보이게 하기 위해 예술가를 고용하고 비디오와 음향 시스템에 아낌없이 투자한다.

작은 승합차 크기의 마타투를 꾸미는 데 약 650달러(약 90만 원), 대형 버스는 약 1,500달러(약 200만 원)가 들지만 주인들은 경쟁적으로 지갑을 연다.

마타투는 신인 가수들이 자신의 뮤직비디오를 홍보하는 무대이자 TV나 라디오가 없는 시민들이 출퇴근길에 엔터테인먼트를 즐길 수 있는 공간이기도 하다.

"모든 케냐인은 자신만의 마타투 이야기가 있다."

이 말처럼 마타투는 케냐 사람들의 삶에 깊이 스며 있다.

화려한 색과 리듬으로 도시를 물들이는 마타투는 단순한 교통수단을 넘어 케냐 문화의 상징이자 사람과 사람을 연결하는 중요한 매개체로 자리 잡았다.

그러나 단점 또한 가지고 있다. 정해진 시간표 없이 운행되어 승객이 꽉 차야 출발하기 때문에 오랜 대기 시간이 발생하기도 하고 정원을 초과해 승객을 태워 좁고 불편하게 이동해야 하는 경우도 많다. 또한 소매치기 등의 범죄 위험이 크고 일부 운전자의 난폭 운전으로 인해 과속, 급정거, 끼어들기 등 안전사고 우려가 크다.

공유 택시 서비스의 등장

몇 년 전까지만 해도 나이로비에서 택시를 타는 일은 상당한 스트레스를 감수해야 했다. 외국인이나 관광객이 공항이나 관광지에서 택시를 잡으면 기사들이 터무니없는 요금을 부르고 "탈 거면 타고, 말 거면 말라"는 식으로 대응하는 경우가 많았다. 간신히 흥정해 타더라도 일부러 먼 길로 돌아 요금을 더 받거나 "거스름돈이 없다"라며 돈을 떼먹는 일도 있었다.

2016년 케냐에 우버*UBER*가 등장했다. 스마트폰 앱으로 택시를 호출하고 요금을 미리 확인할 수 있게 되면서 이런 불편한 관행이 거의 사라졌다. 우버의 등장으로 케냐의 택시 이용은 훨씬 안전하고 편리해졌다. 기본요금은 약 2,000원으로 저렴하고 요금도 자동 계산되어 바가지 걱정이 없으며 운전기사와 차량 정보가 앱을 통해 제공되어 안심하고 이용할 수 있다.

현재는 우버 외에도 택시파이*Taxify*, 볼트*Bolt* 등 다양한 서비스가 등장하면서 가격 경쟁이 심해지고 선택의 폭이 넓어졌다.

택시보다 빠른 오토바이, 보다보다

마타투나 택시만큼 케냐에서 흔히 볼 수 있는 교통수단은 보다보다*Boda Boda*이다. 오토바이 택시인 보다보다는 빠른 속도와 기동성 덕분에 인기가 많다. 특히 출퇴근 시간대에 교통 체증이 심한 나이로비 도심에서 보다보다는 신호와 차를 자유롭게 오가며 막힌 도로를 빠르게 통과한다.

● 승객을 기다리는 보다보다 운전기사들

사람이 많이 모이는 곳에는 비공식적인 보다보다 승강장이 있고 여러 대의 오토바이가 손님을 기다린다. 요금은 목적지를 말하면 운전자가 즉석에서 정하는 방식이지만 최근에는 앱을 통해 예약하는 시스템이 확산하며 바가지요금이나 안전 문제도 많이 해결되었다.

마사이 마켓을 가득 채운 화려한 공예품

나이로비의 주요 쇼핑몰 야외 공간에서는 일주일에 한 번 마사이 마켓이 열린다. 여기서는 케냐의 전통 공예품을 전시하고 판매하며 관광객의 눈길을 끌기 위해 전통 춤이나 음악 공연이 펼쳐지기도 한다. 빨강, 노랑, 초록 등 화려한 색감과 독특한 아름다움을 가진 장신구, 생활용품, 다양한 동물 조각상 등으로 가득한 마사이 마켓의 매력에 빠져 보자.

마사이 비즈 공예와 담요

케냐의 자연을 닮은 화려한 색상으로 장식된 마사이 비즈 공예품을 본 적이 있는가? 마사이 비즈 공예품은 마사이족의 전통, 사회적 지위, 나이, 결혼 여부, 종교적 신념을 상징한다. 비즈 공예 기술은 마사이족 여성들 사이에서 세대를 길쳐 전수되었으며 각 작품은 저마다 고유한 패턴과 디자인을 지니고 있다.

목걸이, 팔찌, 귀걸이, 허리띠 같은 액세서리뿐만 아니라 의상이나 의식용 아이템으로도 사용되는 비즈 공예품은 케냐를 대표하는 전통 예술품으로 많은 관광객에게 사랑받는다. 최근에는 글로벌 패션과 결합해 현대적인 디자인으로 재탄생하기도 한다. 크리스찬 디올의 2017 크루즈 컬렉션에서는 마사이 비즈 공예에서 영감을 받은 액세서리와 의상을 선보여 큰 관심을 끌었다.

'슈카Shuka'라고 불리는 마사이 담요도 케냐의 상징적인 공예품 중 하나다. 마사이족의 전통 의상인 슈카는 주로 붉은색을 기본으로 파란색, 검은색, 흰색, 녹색 등이 섞인 체크무늬

● 마사이 비즈 장신구

● 크리스찬 디올의 2017 크루즈 컬렉션 속 마사이 비즈

나 줄무늬 패턴으로 구성
된다. 도톰한 천으로 만
들어 보온성이 뛰어나 고
원 지대의 추운 날씨에도
적합하다. 화려한 색감과
아름다움 덕분에 세계적
인 패션 아이템으로 주목

● 마사이 담요 슈카

받고 있으며 관광객들에게도 인기 있는 기념품이다.

케냐의 목공예품

케냐의 공예품 중 목공
예는 빼놓을 수 없다. 주로
흑단*Ebony* 같은 고급 목재
로 제작되며 특유의 어두
운 색감과 단단한 질감으
로 내구성이 뛰어나다.

마콘데족 장인들은 전
통적인 이야기와 신화를

● 목공예품

현실적이면서도 예술적으로 표현하는 능력이 뛰어나다. 나무
조각품을 통해 그들의 전통적 가치, 의식, 사회적 역할, 종교적

상징을 담아낸다.

케냐의 목공예품은 관광객들에게 인기 있는 기념품이자 국제적으로도 높은 가치를 인정받는 예술품이다.

친환경 바구니, 키온도

'키온도Kiondo'라고 불리는 케냐의 수공예 가방도 눈길을 끈다. 키온도는 오래전부터 키쿠유족과 캄바족 여성들이 사이잘 섬유를 이용해 만들어 왔다. 내구성이 뛰어나고 색상과 디자인이 다양해 오랫동안 사랑받아 왔으며 전 세계적으로 친환경 패션 아이템으로도 주목받는다. 해변가나 피크닉 갈 때 사용하기 좋다.

● 키온도 바구니를 만드는 여성들

함께 생각하고 토론하기

2014년 케냐에서는 일부다처제를 합법화하는 결혼법 개정이 이루어 졌습니다. 이 법은 남성이 여러 아내를 둘 수 있도록 허용하지만 아내의 동의를 필수로 요구하지 않는다는 점에서 큰 논란이 되었습니다. 이 결정은 일부 공동체의 전통적 관습과 요구를 반영한 것이지만 여성의 권리와 평등을 중시하는 현대적 가치와 충돌을 일으키고 있습니다. 일부 사람들은 이 법이 전통문화를 존중하고 가족 간 경제적 협력을 장려한다고 주장하는 반면 다른 사람들은 여성의 권리를 침해하고 가정 내 불평등을 심화시킬 수 있다고 비판받고 있습니다.

● 2014년 케냐의 일부다처제 합법화는 전통과 공동체의 자율성을 존중하기 위한 정당한 선택일까요, 아니면 여성의 권리와 평등을 침해하는 시대착오적인 결정일까요? 두 가지 입장을 정해 토론하고 각 입장의 근거와 주장, 반박을 논리적으로 제시해 봅시다.

●● 다른 국가의 전통문화와 현대적 인권 가치가 충돌하는 사례를 참고하여 케냐의 사례와 비교하고, 문화적 다양성과 성평등의 균형을 이루기 위해 어떤 접근이 필요할지 논술해 봅시다.

케냐에서는 전통 음식인 우갈리, 수쿠마 위키, 냐마초마와 같은 요리
가 여전히 국민 식생활의 중심이지만 도시화와 글로벌 문화 영향으로
피자, 햄버거, 패스트푸드, 커피와 차 음료 등 현대적 식문화도 빠르게
확산되고 있습니다. 이러한 변화는 사람들의 건강, 생활 습관, 지역 경
제와 문화 전통에 다양한 영향을 미치고 있습니다.

● 패스트푸드와 외식 문화 확산이 케냐 사회와 경제에 미치는 긍정
적·부정적 영향을 분석하고, 지속 가능하고 건강한 식문화를 유지하
기 위한 정책적·사회적 방안을 논술해 봅시다.

●● 케냐와 한국의 젊은 세대들은 햄버거, 피자, 커피 등 세계적인
음식에 익숙하지만 각 나라의 전통 음식은 여전히 그 나라의 문화적
정체성을 보여 줍니다. 케냐의 우갈리, 수쿠마 위키, 냐마초마와 한
국의 밥, 김치, 구이 요리처럼 대표 음식들을 중심으로 맛과 조리 방
식, 식사 문화, 음식에 담긴 역사와 상징성을 비교해 봅시다.

여기를 가면 케냐가 보인다

바닥에 있는 것을 원하면 구부려야 한다.

마사이 마라 국립공원

동아프리카 사바나 초원에서는 건기가 다가오면 수백만 마리의 누, 얼룩말, 가젤, 영양 등이 물과 비옥한 땅을 찾아 대규모 이동을 시작한다. 이 이동은 단순한 여정을 넘어 생존을 건 치열한 투쟁의 장이 된다. 초식 동물들은 이동하는 동안 사자, 표범, 치타 같은 육식 동물의 추격을 받으며 약육강식의 법칙이 적나라하게 드러난다.

마사이 마라 국립공원은 이 대이동의 중심지 중 하나로 탄자니아의 세렝게티 국립공원과 이어져 동물들의 주요 이동 경로로 활용된다. 면적은 약 1,510km^2로 제주도와 비슷하며 95종

이상의 포유류와 570종 이상의 조류가 서식해 다양한 생태계
를 이룬다.

마사이 마을 투어

마사이 마라 국립공원에는 마사이 부족 마을이 있다. 마사
이족의 전통적인 가축 사육 방식과 흙과 소똥으로 만든 전통
가옥을 직접 볼 수 있어 그들의 오랜 생활 양식을 체험할 수
있다. 마사이족은 케냐와 탄자니아 리프트 밸리 지역에서 유
목 생활을 이어 온 민족으로 사자와 같은 포식자와 맞서 싸우

는 용맹함으로 유명하다. 남성은 슈카를 두르고 다니고 여성은 비즈로 만든 장신구로 사회적 지위나 결혼 상태를 표시한다.

마사이족은 노래와 춤을 즐기며 특히 전사들의 점프가 인상적이다. 높게 점프할수록 용맹한 전사로 인정받는다. 기후 변화와 정부의 농경 정착 장려로 유목 생활을 이어가는 마사이족의 수는 점차 줄어들고 있다.

나이로비 국립공원

나이로비 국립공원은 도심에서 약 7km 떨어진 세계 유일의 도심 속 국립공원이다. 작은 규모에도 불구하고 검은 코뿔소, 사자, 표범, 치타, 하이에나, 버펄로, 기린 등 다양한 동물이 서식하며 400여 종의 조류도 관찰할 수 있다.

세 면은 울타리로 둘러싸여 있지만 남쪽이 개방되어 있어 동물이 도심으로 출몰하기도 한다. 2016년 사자 두 마리가 공원을 탈출해 시내를 배회한 사건은 큰 화제가 되기도 했다.

나이로비 국립공원 경계에 있는 데이비드 셸드릭 야생동물 재단The David Sheldrick Wildlife Trust은 코끼리와 야생 동물 구조 및 재활 프로그램으로 세계적 명성을 얻었다. 어미를 잃거나 불법 밀렵으로 위험에 처한 새끼 코끼리를 구조하여 보호하며 일정 기간 후 야생으로 돌려보낸다. 고아원은 매일 오전 11시

부터 정오까지 대중에게 공개되며 관광객은 새끼 코끼리들이 우유를 먹고 진흙에서 노는 모습을 가까이서 관찰할 수 있다. 또한 개별 코끼리의 사연과 보호 활동, 후원 프로그램에 참여할 수도 있다.

암보셀리 국립공원

　암보셀리 국립공원*Amboseli National Park*은 킬리만자로산 북쪽 기슭에 자리한다. 맑은 날에는 눈 덮인 킬리만자로 정상을 선명하게 볼 수 있다.

　이곳은 사바나, 습지, 호수, 숲, 건조 평야 등 다양한 생태계를 갖추고 있으며 대규모 코끼리 무리와 사자, 치타, 하이에나, 얼룩말, 기린, 버펄로, 영양 등 다양한 포유류를 관찰할 수 있다. 400종 이상의 조류가 서식해 조류 애호가들에게도 인기다. 호수와 습지는 철새들의 주요 서식지이며 계절에 따라 다양한 새를 만날 수 있다.

나쿠루 국립공원

　나쿠루 국립공원*Lake Nakuru National Park*은 케냐 중부 리프트 밸리에 위치하며 나쿠루 호수 주변에 자리하고 있다. 나쿠루 호수는 알칼리성 호수로 미생물이 풍부하다. 호수 주변에 모인 수백 마리 플라밍고가 호수 전체를 분홍빛으로 물들이는 장관을 볼 수 있다.

　하지만 농업 활동, 산업 폐수, 도시 폐수로 인해 수질이 악화되고 있으며 기후 변화와 강우 패턴 변화로 먹이 사슬 교란이

● 킬로만자로산과 코끼리 떼로 유명한 암보셀리 국립공원

● 플라밍고가 장관을 이루는 나쿠루 호수

발생해 조류 생존이 위협받고 있다.

케냐 정부와 비영리 단체는 야생 동물 보호와 생태계 보전을 위해 지속적으로 노력하고 있다. 관광객들도 규정을 준수하고 책임 있는 관광을 실천해야 한다.

나이로비 국립박물관

1929년에 개관한 나이로비 국립박물관*Nairobi national museum*은 케냐의 역사, 자연, 문화, 현대 미술에 걸친 방대한 컬렉션을 소장한 케냐 최대의 박물관으로 고대부터 현대까지의 케냐를 깊이 있게 탐구할 수 있다. 나이로비 국립박물관을 방문하면 케냐의 역사와 문화를 단계별로 깊이 체험할 수 있다.

인간의 요람 갤러리에서는 초기 인류 화석과 석기 시대 흔적을 관찰할 수 있으며 약 160만 년 전 호모 에렉투스 화석인 '투르카나 소년'이 전시되어 있어 인류 진화 연구에 중요한 정보를 제공한다. 이어지는 역사 갤러리에서는 동아프리카 무역

● 나이로비 국립박물관의 동물 화석 전시　　● 고대 인류의 생활 모습을 재현한 모형

과 문화 교류의 흔적을 보여 주는 고대 동전, 보물, 전통 의상, 공예품, 생활용품 등을 통해 케냐의 풍부한 문화와 전통을 이해할 수 있다. 또한 자연사 전시관에서는 다양한 동물 표본과 조류를 만날 수 있다. 특히 맹금류와 물새, 태양새 등 수백 종의 동아프리카 조류가 전시되어 있으며 아이 키만 한 펠리칸과 다양한 독수리, 부엉이가 마치 날아오를 듯 생생하게 배치되어 있어 방문객들에게 특별한 경험을 선사한다.

몸바사 예수 요새 박물관과 올드타운

　　몸바사의 예수 요새는 1593~1596년 포르투갈이 점령 시기에 건설된 요새로 박물관 자체가 중요한 유적이다. 르네상스 건축 양식을 반영한 요새는 높은 성벽과 내부 건물로 당시 건축 기술을 보여 주며 오만, 영국, 현지 세력 등 다양한 주인

224

● 몸바사 예수 요새 박물관

을 거쳤다.

박물관에는 요새와 주변 지역에서 발굴된 유물들이 전시되어 있다. 포르투갈 탐험가들의 항해 기록, 고대 지도, 대포, 총기, 검 등은 당시 해상 무역과 군사 전략을 보여 준다. 또한 스와힐리 문화권의 전통 생활, 의복, 공예품도 함께 관람할 수 있다.

몸바사 올드타운*old town*은 케냐 두 번째 도시의 역사적 중심지로 고풍스러운 거리와 독특한 건축물, 풍부한 문화유산으로 유명하다. 상점, 카페, 역사적 명소가 즐비해 과거로 시간 여행을 온 듯한 경험을 선사하며 아름다운 해안 경관도 감상할 수 있다.

라무는 동아프리카 해안의 스와힐리 문명 요람으로 2001년 유네스코 세계 문화유산으로 지정되었다. 유럽, 아라비아, 인도 문화가 스와힐리 전통과 조화롭게 어우러져 독특한 매력을 지닌다. 라무의 건축물은 아치형 문, 웅장한 석조 건물, 정교한 나무 조각 등 이슬람 건축 양식의 영향을 받았다. 산호석과 맹그로브 목재를 사용한 건축 방식이 독특하며 좁고 구불구불한 골목과 안뜰은 미로처럼 탐험의 재미를 준다.

라무의 구시가지에서 눈에 띄는 것은 당나귀다. 오랫동안 라무 사람들의 주요 이동 수단으로 여전히 짐을 나르고 골목길을 누빈다. 당나귀 수레를 타고 골목을 천천히 지나면 시간 여행을 하는 듯한 기분을 느낄 수 있다.

라무 박물관*Lamu museum*은 스와힐리 문화와 해양 역사에 관해 깊이 탐구할 수 있는 공간으로 전통 배 제작 과정, 결혼 문화와 의복, 생활 도구, 의식용 악기와 장식품 등이 전시되어 있다. 특히 전통 스와힐리 요트 '다우'와 목조 장식 문 '피샤코*Fishakos*'를 가까이에서 볼 수 있다.

라무는 도시 전체가 고요하고 느린 삶의 미학을 간직하고 있다. 박물관 관람 후 전통 음식을 맛보고 골목길을 산책하며 현지인과 소통할 수 있다.

● 라무 박물관

● 라무 박물관의 전시물

● 라무 구시가지의 주요 교통수단인 당나귀

헬스 게이트 〈라이언 킹〉의 배경

디즈니 애니메이션 〈라이언 킹〉의 사바나 풍경을 기억하는가? 약 30년 전 제작진은 영화 배경을 위해 아프리카 여러 지역을 탐험하던 중 케냐의 헬스 게이트에 도착했다. 선사 시대 호수에 의해 깎인 거대한 절벽과 깊은 협곡, 하늘을 찌를 듯한 바위들이 펼쳐진 헬스 게이트의 풍경은 곧 프라이드 랜드의 배경으로 채택되었다. 영화 속 심바가 뛰어놀던 초원과 프라이드 록은 바로 이곳을 본떠 만들어진 것이다.

1883년 탐험가들에게 발견된 헬스 게이트는 '지옥의 문'이라는 이름과 달리 신비롭고 아름다운 자연의 보고다. 거대한

● 자전거 트레킹이 가능한 헬스 게이트

● 헬스 게이트의 협곡

절벽과 협곡, 화산 지형이 어우러져 장엄한 풍경을 이루고 끊임없이 피어오르는 유황 연기가 신비로운 분위기를 더한다. 이곳에는 사자나 표범 같은 육식 동물이 거의 없어 공원 안을 걷거나 자전거로 안전하게 탐험할 수 있다. 톰슨가젤, 얼룩말, 영

양 등 다양한 초식 동물이 평화롭게 풀을 뜯는 모습을 보며 자
연과 하나 된 평온함을 느낄 수 있다.

카렌 블릭센 박물관 〈아웃 오브 아프리카〉의 주인공

카렌 블릭센 박물관*Karen Blixen Museum*은 나이로비 남서
쪽 카렌 지역에 자리 잡고 있다. 이 지역명은 그녀의 자전적
소설 《아웃 오브 아프리카》에서 따온 것이며 박물관은 그녀의
삶과 작품을 기념하기 위해 만들어졌다.

카렌 블릭센 박물관에는 실제 그녀가 살던 집과 농장, 정원
이 보존되어 있으며 침대, 책상, 식탁 같은 가구와 커피 그라인
더 등 소지품도 그대로 전시되어 있다. 그녀가 살던 당시의 모
습 그대로 보존된 아름다운 정원과 일부 농장 부지에서 산책
하거나 피크닉을 즐길 수 있다. 이곳은 단순한 팬덤의 공간을
넘어 20세기 초 유럽 이민자들의 삶과 케냐의 역사, 자연, 문화
를 체험할 수 있는 특별한 장소이다.

카렌 블릭센은 어떤 사람이기에 외국에서 온 이민자임에도
불구하고 그녀의 이름으로 된 지역이 있고 박물관까지 만들어
그녀를 기억하고 있을까?

카렌 블릭센은 1914년 케냐로 이주해 1931년까지 약 17년
간 이곳에서 생활했다. 100여 년 전 위험하고 척박한 아프리카

● 카렌 블릭센 박물관

● 카렌 블릭센 박물관 내부

대륙에서 외국인 여자가 홀로 커피 농장을 경영하는 것은 상상만으로도 엄청난 도전이었을 것이다.

그러나 어려운 환경 속에서도 카렌 블릭센은 케냐의 문화와 자연을 이해하고 존중하며 현지 사람들과 긴밀한 관계를 맺고 협력했다. 그녀는 농장을 경영하며 현지인들의 삶과 어려움을 이해하고 돕기 위해 노력했으며 커피 농장을 통해 일자리도 제공하면서 많은 케냐 사람에게 존경과 사랑을 받았다.

카렌 블릭센은 자신의 경험을 책으로 담아냈고 그 책을 통해 케냐의 아름다움과 케냐 사람들의 따뜻한 모습이 전 세계에 널리 알려졌다. 또한 로버트 레드포드와 메릴 스트립 주연의 동명 영화 〈아웃 오브 아프리카〉로 제작되어 큰 인기를 끌었고 수많은 사람이 영화 속 아름다운 케냐의 풍경에 매료되어 케냐를 찾게 해 주었다.

그녀의 이야기는 단순한 개인사가 아니라 한 시대의 기록이자 케냐의 매력을 세계에 전파한 중요한 역할을 한 것으로 인정받고 있으며 카렌 블릭센은 케냐와 세계를 잇는 상징적 인물로 지금까지도 기억되고 있다.

● 카렌 블릭센의 삶을 소재로 한 영화 〈아웃 오브 아프리카〉

함께 생각하고 토론하기

익숙한 환경에서 벗어나 새로운 장소와 문화를 경험할 때 타인의 생활 방식과 자연을 이해하며 이러한 경험은 성장과 배움의 중요한 계기가 됩니다. 이 책에 소개된 케냐의 여러 명소도 우리에게 새로운 시각과 깨달음을 선사할 것입니다.

● 케냐의 명소 중 가장 가 보고 싶은 곳은 어디인가요? 그곳에서 어떤 경험을 기대하며 그 경험이 자신에게 어떤 변화를 줄 것이라고 생각하는지 이야기해 봅시다.

●● 다른 문화와 환경을 직접 경험하는 것이 개인의 성장과 사고 방식에 어떤 영향을 미치는지, 타인의 문화를 이해하는 것이 현대 사회에서 왜 중요한지 논술해 봅시다.

● 케냐의 국립공원을 방문할 때 자연 보호와 관광을 균형 있게 지킬 수 있는 방법은 무엇인지 생각해 봅시다.

●● 야생 동물 보호 활동과 지속 가능한 관광이 지역 사회와 경제에 미치는 영향을 분석하고 개선 방안을 논술해 봅시다.

내가 이렇게 케냐를 사랑하고 있을 줄이야

책을 쓰기 위해 케냐의 역사, 정치, 경제 등 모든 분야를 조사하고 공부하면서 두 가지 사실을 알게 되었다.

첫 번째는 내가 지금껏 케냐를 제대로 알지 못했다는 사실이다. 책을 완성하는 데 예상보다 훨씬 오랜 시간이 걸렸다. 케냐에 10년이나 살았으니 케냐 관련 교양서적 한 권쯤은 쉽게 쓸 수 있을 것이라는 생각으로 자만했던 자신이 부끄러워지는 순간이 많았다. 한국에 오래 살았다고 해서 한국을 모두 안다고 할 수 없듯 케냐에 오래 살았다고 해서 케냐를 모두 안다고 할 수는 없었다. 자료를 찾아 공부하면서 케냐가 동아프리카에서 경제적으로 중요한 역할을 하는 나라임을 다시 확인할 수 있었다. 다양한 산업과 시장 기회를 가진 나라라는 점 그리고 빈곤, 기후 변화, 교육 문제 등 글로벌 차원의 협력과 지원이 필요한 현실 또한 알게 되었다.

두 번째 알게 된 사실은 내가 케냐를 참 많이 사랑하고 있다는 점이다. 객관적인 시각으로 글을 쓰려고 노력했지만 케냐의 긍정적인 면을 이야기할 때면 마음이 들뜨고 흥분되곤 했다. 단점은 간략히, 장점은 길게 설명하고 싶은 마음을 조절하느라 애를 썼다. 책에는 담지 못했지만 케냐 사람들과 함께하며 겪은 소소한 에피소드가 많다. 이 이야기도 들려줄 기회가 생겼으면 좋겠다.

부족한 글이지만 이 책을 통해 독자들이 케냐의 다양한 문화와 경제 상황을 이해하고 국제 협력의 중요성을 인식하며 더 넓은 시야를 가진 세계 시민으로 성장하는 데 작은 도움이 되기를 바란다. 또한 이 책이 한국인들이 더 넓은 세계로 발을 내딛는 용기를 갖는 계기가 되기를 간절히 바란다.

전 세계 다양한 나라를 새로운 시선으로 볼 수 있도록 책을 기획해 주신 초록비책공방과 아프리카에 대한 깊은 애정을 가진 허성용 대표님께 존경과 감사의 마음을 전한다.

마지막으로, 케냐라는 미지의 땅에서 무모하고 용감한 도전을 함께해 주고 사업을 멋지게 이끌어 가고 있는 남편 황동민, 케냐인의 장점과 한국인의 장점을 골고루 흡수하며 건강하게 잘 자라고 있는 이쁜 딸 지아, 어떤 상황에서도 든든한 내 편이 되어 준 부모님과 동생들에게 깊은 사랑과 감사를 전한다.

저서

Bennett, H. (2013). Fighting the Mau Mau: The British Army and counter-insurgency in the Kenya emergency. Cambridge University Press.

Cambridge University Press. (1989). From Mau Mau to Harambee: Memoirs and memoranda of colonial Kenya. Cambridge University Press.

Gatheru, R. M. (2005). Kenya: From colonization to independence, 1888-1970. McFarland & Company.

Kenya Institute of Education. (2008). The evolving world (Form 2-4 textbook). Kenya Institute of Education.

Kyle, K. (1999). The politics of the independence of Kenya. Macmillan.

Manji, A. (2020). The struggle for land and justice in Kenya. James Currey.

Naughton, J. R. (1992). Kenya: A history. Oxford University Press.

Oyugi, W. O. (Ed.). (1994). Power and the presidency in Kenya: The Jomo Kenyatta years. Cambridge University Press.

Roberts, A. F. (1998). Swahili information, art & life in Africa. University of Iowa Press.

UNESCO World Heritage Centre. (2006). Swahili culture. UNESCO.

University of California Press. (1984). From hunters to farmers: The causes and consequences of food production in Africa. University of California Press.

논문 및 연구 보고서

African Population and Health Research Center. (2012). Population and health dynamics in Nairobi's informal settlements: Report of the Nairobi cross-sectional slums survey (NCSS 2012). APHRC.

Chege, P., & Mwisukha, A. (2015). Benefit of slum tourism in Kibera slum in Nairobi. Kenyatta University.

UN-HABITAT. (2007). UN-HABITAT and the Kenya slum upgrading programme. UN-HABITAT.

김광수. (2018). 케냐의 민주주의. 한국외국어대학교 학술진흥재단 기획연재.

양철준. (2019). 케냐 지열 발전의 현황과 전망. 한국외국어대학교 아프리카연구수 연구보고서.

이수철, & 황재훈. (2011). 케냐 빈곤의 정치 경제학적 조망. 지역발전연구, 20(2), 25-51.

홍완식. (2020). 케냐의 결혼법 개정과 남녀 평등. 글로컬 현안 분석.

기사 및 보고서

Business Daily Africa. (2019). China top creditor for Kenya. Business Daily Africa.

Central Bank of Kenya. (2018). Kenya public debt. Central Bank of Kenya.

Geothermal Energy Association. (2016). Annual U.S. & global geothermal power production report. GEA.

Safaricom PLC. (2018, May 9). FY2018 results presentation. Safaricom PLC.

USAID. (2011, November). Better than cash: Kenya mobile money market assessment. USAID.

외교부. (2021). 케냐 개황. 대한민국 외교부.

정보통신산업진흥원. (2024). ICT 해외 진출 가이드: 케냐 핀테크. NIPA.

한국수출입은행 해외경제연구소. (2023). 국가신용도 평가 리포트. 한국수출입은행.

웹사이트

Encyclopaedia Britannica. (n.d.). Kenya. Retrieved from https://www.britannica.com/place/Kenya

National Museums of Kenya. (n.d.). Google Arts & Culture partner page. Retrieved from https://artsandculture.google.com/partner/national-museums-of-kenya

National Museums of Kenya. (n.d.). Official website. Retrieved from https://www.museums.or.ke

사진 출처

p14   CC BY-NC-SA 2.0 KR

p16   Unsplash의 Murad Swaleh

p20   geology In.com

p26   kenya tourism board

p35   (좌) 출처: https://kopokopo.co.ke/, (우) https://group.jumia.com/about/locations/kenya

p36   https://www.safaricom.co.ke/main-mpesa/m-pesa-for-all/m-tiba

p43   Daily nation

p54   (상) kenya tourism board (하) kenya port athority

p56   Daily Nation

p60   The guardian

p80   Daily nation

p96   (하) 하람베 스타즈 공식 웹사이트https://footballkenya.org/)

p108   (상) Nation africa (하) Nation africa

p116   가디언 www.theguardian.com/

p124   Science Photo Library

p126   Leakey Foundation archive

p148   〈TIME〉지

p153   (하) National Portrait Gallery

p190   (좌) Nation africa (우) Nation africa

p191   Nation africa

p201   Tea board of kenya

p205   kenya news agency

p208   Global press journal